CUISINE LIBANAISE

d'hier et d'aujourd'hui

Pour Amin
Pour Ruchdi, Tarek et Ziad
Pour Odette
À la mémoire de Laurice, qui m'a fait faire mes premiers pas en cuisine,
et de Massoud, qui m'a laissé en héritage son amour des jardins.

Andrée Maalouf

À Audrey, avec gourmandise,
pour Hugo, Camille et Sara.

Karim Haïdar

Éditions Albin Michel
22, rue Huyghens 75014 Paris
www.albin-michel.fr

CUISINE LIBANAISE
d'hier et d'aujourd'hui

Andrée Maalouf
Karim Haïdar

Stylisme de Sabine Paris
Photographies de Caroline Faccioli

ALBIN MICHEL

SOMMAIRE

PRÉFACE

Pour ceux qui ont quitté leur pays, la cuisine est — si j'ose détourner un dicton célèbre — ce qui reste de la culture d'origine quand on a tout oublié. Tous les peuples migrants en ont fait l'expérience, et notamment les Libanais qui, depuis des décennies, se sont répandus dans le monde, ont souvent changé de nom, oublié leur langue, perdu leurs repères historiques et sociologiques. Seule leur cuisine s'est perpétuée, de génération en génération. Et elle a fait mieux que de survivre, elle s'est propagée, vers Paris, Londres, Rio, Montréal et New York, vers Djedda, Dubaï ou Jérusalem, ignorant souverainement les frontières politiques et les aires de civilisation. Si bien que ce pays minuscule, fragile, vulnérable, est devenu — mais dans un seul domaine, à l'exclusion de tous les autres ! — une « puissance » respectée, conquérante, quasiment impériale. Les Libanais modernes ont reproduit ainsi, en quelque sorte, les exploits des Phéniciens antiques, gent éminemment féminine qui préférait conquérir par la ruse plutôt que par les armes, ce qui lui valut d'être constamment brocardée.

Pour les filles et les fils de cette nation maltraitée par l'Histoire, une si remarquable expansion est forcément un sujet de légitime fierté. Mais qui s'accompagne d'une interrogation : ayant quitté son terroir d'origine pour s'installer sur les tables du monde entier, la cuisine libanaise saura-t-elle demeurer elle-même tout en s'ouvrant aux goûts des autres et à leurs sensibilités ? La question se pose, d'autant que la cuisine libanaise est volontiers répétitive, voire rituelle. Lorsqu'on visite un nouveau restaurant, le premier critère d'appréciation porte sur sa manière de préparer un petit nombre de plats emblématiques, à commencer par l'irremplaçable hommos — ses ornements, ses saveurs, son onctuosité... Quiconque cherche à innover, à bousculer les habitudes, doit souvent nager à contre-courant. Pour avoir assisté, muet, à de nombreux échanges entre Andrée et Karim, je puis témoigner que ces préoccupations étaient présentes dès la conception de ce livre, et tout au long de sa gestation. Comment innover sans se détourner de la tradition ? Comment préserver l'héritage sans étouffer l'invention ? Comment transmettre la parole des mères et des grands-mères sans dérouter nos filles et nos fils, et en se faisant comprendre du reste du monde ? Autrement dit : comment respecter l'avenir sans insulter le passé — ou l'inverse ? Des questions qui, aujourd'hui, se posent sous tous les cieux, et dans tous les domaines. Mais nulle part les réponses ne sont aussi réconfortantes. Ni aussi délectables.

Amin Maalouf

INTRODUCTION

La cuisine libanaise est à la fois renommée et méconnue. Si certains de ses plats, nés modestement à Beyrouth ou dans quelque village, ont trouvé leur place sur d'innombrables tables à travers le monde, ils ne reflètent pas assez la subtilité de ses saveurs, ni la diversité de ses inspirations ; parfois même, ils contribuent à en donner une image tronquée, réductrice, appauvrissante.

L'ambition de ce livre est de mettre en lumière l'amplitude de champ d'une tradition culinaire très ancienne, dont certaines recettes remontent à l'antiquité biblique ou mésopotamienne, mais qui demeure étonnamment vivante, et qui a vocation à prendre sa place parmi les grandes cuisines de demain.
Dans la gastronomie libanaise se retrouvent, en effet, des influences orientales multiples — égyptiennes, syriennes, arméniennes, turques, grecques, indiennes, etc. S'y mêlent également des traditions locales tout aussi multiples, celles d'une terre de montagnes, de côtes, de vallées et de plaines, où chaque ville, chaque district, et même chaque petit village cultive son individualité, ses habitudes, ses secrets ; celles d'une nation faite de nombreuses communautés religieuses qui ont, chacune, ses rites, ses fêtes, et des plats pour les célébrer. De plus, il existe, dans cette gastronomie, deux puissants confluents, qui constamment se côtoient sans jamais se confondre : la cuisine des maisons et celle des restaurants.

Ce livre aimerait dévoiler quelques-unes de ces nombreuses facettes. Il est l'œuvre de deux Libanais passionnés de cuisine, qui cherchent depuis des années à renouveler les recettes traditionnelles tout en préservant leur authenticité.
Karim Haïdar a laissé de côté une carrière juridique prometteuse pour s'adonner à sa passion. Dans les restaurants où il officie, à Paris et à Londres, il a su manifester une inventivité qui l'a imposé, en quelques années, comme le porte-drapeau d'une cuisine libanaise résolument contemporaine. Ce livre contient les recettes qui l'ont fait connaître et apprécier.

Andrée Maalouf appartient à une lignée de pâtissiers et de confiseurs, mais c'est chez elle qu'elle officie, s'essayant avec enthousiasme à des expériences culinaires venant de toutes les traditions, à commencer par celle du Liban. Son plaisir est de retrouver une recette oubliée, de l'essayer, puis de la faire découvrir — en s'efforçant de préserver les saveurs de jadis, mais en prenant également en compte nos connaissances d'aujourd'hui, notamment en matière de diététique et de santé.

De leur rencontre est né ce livre. Ils y ont apporté chacun son expérience, son savoir-faire, chacun son style, sa sensibilité, sa mémoire. Et leur goût commun pour le partage et l'hospitalité.

Andrée Maalouf   Karim Haïdar

LES MEZZÉS

MIROIR DE LA DIVERSITÉ

On parle de *mezzé*, au singulier ou au pluriel, pour désigner l'ensemble des hors-d'œuvre
que l'on sert au début d'un repas libanais. Il en existe des dizaines, chauds ou froids,
qui varient selon les régions comme selon les tables, et qui reflètent, en quelque sorte,
l'extrême diversité du pays. On peut, bien entendu, en inventer soi-même — nous ne nous
en priverons pas ; mais il y a également des incontournables. Lors d'un repas traditionnel,
dès que les convives s'assoient, ils s'attendent à trouver sur la table des olives, du pain,
et un grand plat de crudités — concombres, radis, poivrons, tomates, oignons verts, cœurs
de laitues, feuilles de choux, etc. Arrivent ensuite, par vagues successives, les divers
mezzés, selon un rituel de présentation pratiquement intangible : d'abord les salades,
au premier rang desquelles le *fattouche* et le tabboulé ; puis les divers plats froids,
dont nous reparlerons — hommos, *moutabbal*, feuilles de vigne farcies, *moudardara*
de lentilles, etc. ; et plus tard les préparations chaudes — falafels, pâtes à pain farcies
aux blettes, au fromage, à la viande ; fromages orientaux frits, etc.
Les pages qui suivent rassemblent, aux côtés des « classiques »,
quelques plats anciens plus rares et aussi
quelques inventions contemporaines.

LES SALADES LIBANAISES

FATTOUCHE

C'est la salade paysanne par excellence, on y retrouve diverses herbes du jardin : pourpier, menthe, persil ou laitue ; ainsi que du radis, de la tomate, du concombre ; mais également du pain rassis, qui est grillé puis émietté — de cet acte d'émiettement, qui se dit fatt, provient le nom du plat. Certains y ajoutent même des aubergines frites. En guise de touche finale, il faut saupoudrer le plat de quelques bonnes pincées de sumac, sans lesquelles les Libanais ne reconnaîtraient ni le goût ni la couleur de leur fattouche.

Préparation : 30 min

Pour 6 personnes

2 salades sucrines
   ou 1 salade romaine
250 g de tomates cerises
   ou 3 tomates
2 petits concombres
   ou la moitié d'un grand
1/2 botte de radis
4 cébettes ou petits
   oignons nouveaux
1 bouquet de persil plat
1/2 bouquet de menthe
2 petits pains libanais
15 cl d'huile d'olive
5 cl de vinaigre
   de vin rouge
1 cuil. à soupe de sumac
   (voir p. 162)
Sel

- Préchauffer le four à 150 °C (th. 5).
- Effeuiller le persil et la menthe.
- Couper les salades sucrines en lanières, les tomates cerises en deux dans le sens vertical (en cubes, si ce sont des tomates de taille normale), les radis et les cébettes en rondelles, les concombres non pelés en demi-rondelles.
- À l'aide de ciseaux, couper le pain en carrés de 2 cm de côté, séparer les deux faces de chaque morceau et les faire griller au four dans un plat pendant 10 min.
- Mélanger le pain avec l'huile d'olive et le *sumac*, ce qui aura pour effet de garder le pain croustillant.
- Juste avant de servir, mélanger tous les ingrédients avec le pain, ajouter le vinaigre et saler.

VARIANTES

- Une autre recette beyrouthine exclut du *fattouche* vinaigre, persil, menthe et laitue, les compensant par une plus grande quantité de *sumac* et de pourpier ; celui-ci étant parfois difficile à trouver, il peut être remplacé par de la mâche.
- Dans la montagne, on remplace le vinaigre par du *debs remmane* (jus de grenade, voir p. 166).

BON À SAVOIR

- Traditionnellement, on dit que la peau du concombre favorise sa digestion. Si vous le souhaitez, vous pouvez malgré tout le peler, une bande sur deux.
- Vous pouvez préparer cette salade à l'avance, pour l'assaisonner au dernier moment.

TABBOULÉ

Le succès mondial du tabboulé suscite chez les Libanais des sentiments mitigés. S'ils éprouvent de la fierté chaque fois qu'ils lisent le nom de leur plat national sur la carte d'un restaurant ou sur les rayons d'un magasin d'alimentation, ils se résignent mal à le voir radicalement transformé, recomposé, au point de devenir, à leurs yeux, méconnaissable. Par l'aspect, d'abord. La couleur du tabboulé libanais est à dominante verte et rouge, agrémentée de quelques touches brunâtres. Alors que son homonyme est à dominante jaunâtre avec, çà et là, quelques touches rouges et vertes. Ce qui reflète, bien entendu, la modification des ingrédients : le tabboulé contient notamment du persil — beaucoup de persil ! — des tomates, de l'oignon, ainsi qu'un peu de bourghol. Alors que l'homonyme est surtout composé de couscous, juste émaillé de quelques brins de persil et de quelques dés de tomate. Il y a là, à l'évidence, une confusion, ou un quiproquo, entre deux traditions méditerranéennes très distinctes, l'une levantine et venant de l'univers culinaire ottoman, l'autre maghrébine et trouvant plutôt ses origines du côté de l'Andalousie. Deux grandes cuisines plusieurs fois séculaires, qui ont chacune leur génie propre, leurs techniques, leurs ingrédients spécifiques, et qui méritent d'être appréciées séparément.

Préparation : 45 min

Pour 6 personnes

3 tomates
3 cébettes ou petits
    oignons nouveaux
3 bouquets de persil plat
1 bouquet de menthe
2 cuil. à soupe de bourghol
    fin (voir p. 160)
15 cl de jus de citron (3 citrons)
10 cl d'huile d'olive, sel

- Laver le persil et la menthe. Les faire sécher sur une serviette en tissu.
- Hacher finement les cébettes. Couper les tomates en petits dés.
- Réunir le persil en bouquets ordonnés de manière à séparer les feuilles des tiges. Ciseler au couteau les feuilles le plus finement possible (voir pas à pas ci-dessous).
- Mettre le bourghol fin dans un grand saladier. Ajouter les cébettes, les tomates, le persil, le jus de citron, l'huile d'olive et du sel.
- Effeuiller la menthe et l'émincer. L'ajouter à la fin pour éviter qu'elle noircisse.
- Mélanger longuement puis servir, en accompagnant le plat de feuilles de laitue romaine ou de chou libanais. Vous pouvez préparer cette salade à l'avance et l'assaisonner au dernier moment.

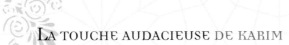

LA TOUCHE AUDACIEUSE DE KARIM

- *Si l'envie vous prend d'innover, vous pouvez incorporer au tabboulé 1/2 pomme granny smith coupée en petits dés ; les puristes vont froncer les sourcils, mais le croquant et l'acidité du fruit se marient agréablement aux divers ingrédients.*
- *Vous pouvez aussi remplacer la menthe par de la coriandre fraîche.*

TOMATES AU CUMIN

Préparation : 10 min
Repos au frais : 30 min

Pour 6 personnes

6 grosses tomates
  bien mûres
3 cuil. à café de cumin
  en poudre
1/2 cuil. à café de sucre
  en poudre
Sel et poivre

- Peler les tomates puis les couper en dés de 2 cm de côté.
- Ajouter le cumin, le sucre, saler et poivrer ; mélanger. Laisser reposer au frais pendant 30 min.
- Servir en accompagnement d'une grillade ou d'une purée de lentilles.

VARIANTE

Si vous souhaitez donner un goût plus corsé à cette salade, ajoutez 1 gousse d'ail pilée.

BON À SAVOIR

Vous pouvez préparer cette salade à l'avance et l'assaisonner au dernier moment.

SALADE DE FONDS D'ARTICHAUTS ET DE FÈVES

Préparation : 20 min
Cuisson : 20 min

Pour 6 personnes

12 fonds d'artichauts
  (frais ou surgelés)
1 kg de fèves vertes
  (fraîches en cosses
  ou 400 g de fèves
  décortiquées surgelées)
6 cébettes ou petits
  oignons nouveaux
3 citrons + 1/2 (jus)
10 cl d'huile d'olive
Sel et poivre

- Cuire les fonds d'artichauts 10 min dans de l'eau salée, très légèrement citronnée pour éviter qu'ils noircissent.
- Écosser les fèves ; les cuire 10 min dans de l'eau salée ; retirer la deuxième peau.
- Peler les citrons à vif pour en dégager les tranches sans la peau (il ne doit leur rester que la pulpe). Couper les cébettes en fines rondelles.
- Mélanger les fèves, les rondelles de cébette, les tranches de citron et l'huile d'olive. Saler, poivrer.
- Farcir les fonds d'artichauts avec la préparation, puis servir.

BON À SAVOIR

Vous pouvez préparer cette salade à l'avance et l'assaisonner au dernier moment.

ROQUETTE AUX OLIVES

Préparation : 15 min

Pour 6 personnes
300 g environ de roquette
6 cébettes ou petits
  oignons nouveaux
3 citrons
200 g d'olives noires
10 cl d'huile d'olive
Sel et poivre

- Laver la roquette ; la sécher.
- Hacher les cébettes. Peler les citrons à vif pour en dégager les tranches sans la peau (il ne doit leur rester que la pulpe). Dénoyauter les olives.
- Mélanger l'ensemble avec l'huile d'olive, du sel et du poivre, puis servir.

VARIANTE

Vous pouvez remplacer la roquette par de la sariette effeuillée au préalable.

BON À SAVOIR

Vous pouvez préparer cette salade à l'avance et l'assaisonner au dernier moment.

LES LÉGUMES À L'HUILE

FEUILLES DE VIGNE FARCIES

Préparation : 1 h
Repos : 1 h
Cuisson : 45 min

Pour 6 personnes
70 feuilles de vigne
2 pommes de terre
2 tomates
1 oignon
2 bouquets de persil plat
1/2 bouquet de menthe
25 cl de jus de citron
   (soit environ 4 citrons)
50 g de riz rond
15 cl d'huile d'olive
Sel

- Rincer longuement les feuilles de vigne. Éplucher l'oignon.
- Hacher grossièrement persil, menthe, oignon et tomates. Les mélanger ensuite avec le riz, le jus de citron, l'huile d'olive et du sel.
- Laisser reposer 1 h à température ambiante ou au frais, puis mettre dans une passoire posée dans un saladier pour en récupérer le jus.
- Peler les pommes de terre et les couper en rondelles de 1 cm d'épaisseur. Les poser au fond d'une grande casserole.
- Étaler sur le plan de travail 1 feuille de vigne. La farcir et la refermer (voir pas à pas ci-dessous). Procéder de la même façon pour 59 autres feuilles de vigne.
- Ranger les feuilles farcies en les serrant en plusieurs couches dans la casserole, sur le lit de pommes de terre.
- Couvrir avec les 10 feuilles restantes (non farcies).
- Ajouter le jus recueilli ainsi que de l'eau à niveau, couvrir et cuire à feu doux pendant 45 min. La durée de cuisson varie selon la qualité des feuilles : il faut qu'elles deviennent fondantes.
- Servir froid.

VARIANTES

- Vous pouvez, pour cette recette, utiliser des feuilles de vigne fraîches ; il suffit de les blanchir avant usage afin de les ramollir.
- Par ailleurs, il n'est pas rare que l'on remplace les feuilles de vigne par des feuilles de blette ; dans ce cas, ajoutez à la farce 1 poignée de pois chiches cuits.

BON À SAVOIR

Vous trouverez les feuilles de vigne dans de nombreuses grandes surfaces ou dans les magasins spécialisés (voir adresses p. 174).

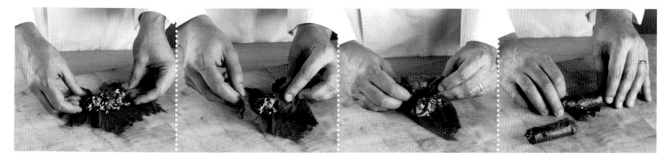

GOMBOS À L'HUILE D'OLIVE
Bémié bzeit

Préparation : 25 min
Cuisson : 30 min

Pour 6 personnes
1 kg de petits gombos
  frais ou surgelés
3 tomates mûres
2 oignons
1 tête d'ail
3 cuil. à soupe
  d'huile d'olive
Sel

- Si les gombos sont frais, peler le pédoncule ; mais il ne faut surtout pas le couper, sinon ils deviennent gluants. Faire revenir dans un peu d'huile d'olive et réserver. Si les gombos sont surgelés, les utiliser tels quels.
- Éplucher les oignons et les hacher, peler l'ail. Peler les tomates et les couper en quartiers.
- Dans un faitout, faire revenir les oignons quelques minutes avec le reste d'huile d'olive. Ajouter les gombos, les tomates, puis les gousses d'ail entières. Saler.
- Couvrir et laisser mijoter 20 min à feu doux.
- Servir.

VARIANTE

Vous pouvez ajouter, en fin de cuisson, de la coriandre fraîche ciselée.

HARICOTS PLATS À L'HUILE D'OLIVE

Préparation : 20 min
Cuisson : 20 min

Pour 6 personnes
1 kg de haricots coco plats
3 tomates bien mûres
2 oignons
1 tête d'ail
3 cuil. à soupe
  d'huile d'olive
Sel

- Couper les haricots en trois ou quatre, en biseaux, en éliminant les extrémités.
- Peler et hacher finement les oignons.
- Peler les tomates et les couper en huit.
- Peler les gousses d'ail.
- Dans une poêle, faire rosir les oignons 5 min dans l'huile d'olive. Ajouter les haricots et les retourner jusqu'à ce que leur couleur devienne plus foncée. Ajouter l'ail et la tomate, saler et cuire 20 min à couvert, à feu doux.
- Servir tiède ou froid, en entrée ou en accompagnement d'une grillade.

MAGHMOUR D'AUBERGINES

Préparation : 30 min
Trempage : 1 nuit
Cuisson : 45 min

Pour 6 personnes
3 aubergines
2 carottes
1 grosse tomate bien mûre
1 oignon
1 tête d'ail
1 poignée de pois chiches
1 litre d'huile pour friture
Sel

La veille

• Peler les aubergines. Les couper en deux dans le sens de la largeur,
puis chaque moitié en quatre. Saler généreusement et laisser dégorger
dans une passoire au frais.
• Faire tremper les pois chiches dans 1 litre d'eau à température ambiante.

Le jour même

• Faire frire les aubergines dans un bain d'huile pendant 4 min.
Les étaler sur du papier absorbant et réserver un peu d'huile.
• Cuire les pois chiches dans de l'eau, en commençant à froid. Ne pas saler.
Compter 30 min à partir de l'ébullition. Les passer sous l'eau froide
et les frotter à la main de manière à retirer la peau.
• Peler l'oignon et le couper en lanières.
• Peler et épépiner la tomate. La couper en huit.
• Peler les carottes et les couper en julienne (petits bâtonnets très fins).
• Peler les gousses d'ail.
• Dans une sauteuse, faire revenir les lanières d'oignon dans 2 cuil. à soupe
d'huile prélevées de la friture. Ajouter les bâtonnets de carottes, les gousses
d'ail, les morceaux de tomate, et enfin les pois chiches.
• Poser les morceaux d'aubergine sur le mélange, sans les espacer.
Mettre un poids sur les aubergines, par exemple une assiette retournée,
afin de bien les maintenir. Verser de l'eau jusqu'au niveau des aubergines.
Cuire à feu doux et à couvert pendant 15 min.
• Démouler sur un plat et servir tiède ou froid en entrée.

BON À SAVOIR

Choisissez bien les aubergines, plutôt noires que rouges, petites et légères
pour qu'il y ait le moins de graines possible.

LA CUISINE AU SÉSAME

Aucun ingrédient n'est plus présent dans la cuisine du Liban et de sa région que cette petite graine huileuse aux arômes subtils qui donne leur couleur ivoire à tant de plats renommés, tels le hommos *ou le* moutabbal *comme aux sauces appelées* tarator *ou* tajine.

MOUTABBAL

Ce mot veut simplement dire « assaisonné », une dénomination valable pour divers plats ; mais lorsqu'on parle du moutabbal *sans autre précision, il s'agit de la purée d'aubergines mélangée à de la téhiné, la crème de sésame.*

Préparation : 10 min
Cuisson : 40 min

Pour 6 personnes
3 aubergines
1 gousse d'ail
1 citron (jus)
2 cuil. à soupe de téhiné
   (crème de sésame,
   voir p. 167)
Sel

- Percer les aubergines de plusieurs trous avec la pointe d'un couteau.
- Les poser sur une plaque allant au four. Les cuire sous le gril du four, porte ouverte, en les retournant de tous les côtés, jusqu'à ce que la chair se ramollisse et que la peau soit parfaitement grillée.
- Passer les aubergines sous l'eau froide en les tenant par le pédoncule, les inciser sur toute la longueur. Prélever délicatement la chair et la laisser égoutter dans une passoire. Réserver les peaux.
- Réduire la chair d'aubergines en purée à l'aide d'un pilon ou d'une fourchette.
- Dégermer l'ail et le piler, le mélanger à la *téhiné*, au jus de citron et à la chair d'aubergines. Saler et mélanger une dernière fois.
- Remplir avec précaution les peaux des aubergines et servir, parsemé de graines de grenade.

VARIANTES

- Vous pouvez ajouter 2 cuil. à soupe de yaourt.
- Vous pouvez également remplacer le jus de citron par du *debs remmane* (jus de grenade, voir p. 166).
- Vous pouvez servir le *moutabbal* dans un petit bol, et jeter la peau des aubergines.

BON À SAVOIR

Si vous utilisez un robot pour cette préparation, ne donnez que quelques pulsions pour réduire l'aubergine en purée, sinon le mélange sera trop liquide.

MOUTABBAL DE COURGETTES

Préparation : 10 min
Cuisson : 20 min

Pour 6 personnes
6 courgettes
1 citron (jus)
1 gousse d'ail
2 cuil. à soupe de téhiné
   (crème de sésame,
   voir p. 167)
30 g de pignons de pin
   (voir p. 163)
1/2 cuil. à café de mélange
   7-épices (voir p. 165)
Sel

- Préchauffer le four à 200 °C (th. 6-7).
- Retirer le pédoncule des courgettes. Les couper en deux dans le sens de la longueur. Les mettre dans un plat allant au four.
- Enfourner pour 20 min de cuisson.
- Peler l'ail, le dégermer et le piler.
- Écraser les courgettes, ajouter l'ail, le jus du citron, la *téhiné* et le mélange 7-épices ; saler et bien mélanger.
- Faire dorer les pignons de pin dans une poêle à sec et les mélanger à la préparation.
- Servir chaud ou froid, avec d'autres *mezzés* ou en garniture d'une viande blanche.

BON À SAVOIR

Vous pouvez utiliser des courgettes jaunes qui sont plus farineuses et contiennent moins d'eau.

MOUTABBAL DE BLETTES

Cette recette est préparée avec les tiges des blettes utilisées pour la Soupe de lentilles aux blettes et au citron (voir p. 52). À défaut, les tiges d'une dizaine de blettes suffiront.

Préparation : 10 min
Cuisson : 40 min

Pour 6 personnes
10 tiges de blettes
15 cl de jus de citron
50 cl de lait
4 cuil. à soupe de téhiné
   (crème de sésame,
   voir p. 167)
Sel

- Laver et couper les tiges des blettes en morceaux de 1 cm.
- Les cuire dans un mélange égal d'eau et de lait, à feu doux, pendant environ 40 min, jusqu'à ce qu'elles soient moelleuses. Les égoutter.
- Mélanger la *téhiné* avec le jus de citron et un peu d'eau pour obtenir une crème ; l'ajouter aux blettes et saler.
- Servir.

VARIANTE

Vous pouvez également écraser au pilon tous les ingrédients et obtenir ainsi une crème de blettes idéale pour accompagner les poissons.

BON À SAVOIR

Vous pouvez remplacer le lait par de l'eau légèrement citronnée pour éviter que les blettes noircissent.

SAUCES À BASE DE TÉHINÉ

Sauce tarator

C'est une sauce citronnée préparée à froid, idéale pour accompagner le poisson ou les falafels.

Préparation : 5 min

Pour 30 cl de sauce
4 cuil. à soupe de téhiné
  (crème de sésame, voir
  p. 167)
10 cl de jus de citron
10 cl d'eau
1 gousse d'ail
Sel

- Peler l'ail, le dégermer et le piler. Ajouter la *téhiné*, le jus de citron, du sel et l'eau.
- Mélanger délicatement pour obtenir une consistance de crème onctueuse.
- Si le mélange se rétracte, ajouter 1 cuil. à soupe d'eau et continuer à mélanger.

VARIANTES

- Vous pouvez incorporer 1/2 bouquet de persil plat ciselé dans la sauce.
- Vous pouvez mixer 100 g de pignons de pin (voir p. 163) et les ajouter à la sauce.
- Il est possible également de remplacer le jus de citron par du jus d'orange amère, et si ce n'est pas la saison des oranges amères, par un mélange de jus de pamplemousse, d'orange et de citron ou de mandarine. Bien entendu, ne dépassez pas la dose requise.

Sauce tajine

Ce qu'on appelle tajine *dans la cuisine libanaise, c'est une sauce chaude à base de* téhiné *(crème de sésame). Cousine du* tarator, *mais beaucoup moins commune, elle est traditionnellement cuite au four, dans un récipient en terre. Elle accompagne parfaitement le poisson.*

Préparation : 10 min
Cuisson : 20 min

Pour 50 cl de sauce
2 oignons
6 cuil. à soupe de téhiné
  (crème de sésame,
  voir p. 167)
15 cl de jus de citron ou
  d'orange amère
15 cl d'eau
2 cuil. à soupe d'huile
  neutre
Sel

- Éplucher les oignons et les hacher finement. Dans une poêle, les faire revenir dans l'huile à feu doux sans les colorer.
- Mélanger au fouet la *téhiné*, l'eau, le jus de citron et du sel. Ajouter ce mélange aux oignons.
- Cuire à feu doux dans la poêle jusqu'à ce que l'huile de la *téhiné* remonte à la surface.
- Servir chaud.

VARIANTES

- Vous pouvez ajouter des pignons de pin frits (voir p. 163).
- Traditionnellement, le poisson et le *tajine* cuisaient ensemble dans un plat en terre cuite au four.

HOMMOS

Le hommos, purée de pois chiches, est sans doute, avec le tabboulé, la préparation la plus connue de la cuisine libanaise. Elle est aussi celle qui suscite les débats les plus animés ; il n'est pas rare d'entendre des cuisiniers amateurs se vanter de connaître l'unique manière de réussir un hommos onctueux. La cuisson des pois chiches dépend de leur qualité. Les meilleurs sont gros et couverts de petites bosses. Il suffit de les mettre à tremper la veille, et de les cuire à l'eau sans sel dans un autocuiseur ; ils deviennent fondants et prêts à l'emploi. Quand les pois chiches sont de moins bonne qualité, petits et lisses, on ajoute 1 cuil. à café de bicarbonate de soude dans l'eau de trempage.

Préparation : 20 min
Trempage : 1 nuit
Cuisson : 2 h

Pour 8 personnes
250 g de pois chiches
1 gousse d'ail
15 cl de jus de citron
6 cuil. à soupe de téhiné
  (crème de sésame,
  voir p. 167)
1 filet d'huile d'olive
Sel

La veille

• Mettre les pois chiches à tremper dans 4 fois leur volume d'eau froide non salée.

Le jour même

• Rincer les pois chiches et les cuire 2 h dans un autocuiseur.
• Les égoutter et réserver l'eau de cuisson.
• Peler l'ail et l'écraser le plus finement possible, le mettre dans un robot avec la *téhiné*, le jus de citron, les pois chiches et du sel.
• Mixer le tout durant 10 min minimum en ajoutant de l'eau de cuisson jusqu'à obtenir la consistance d'une purée.
• Rectifier l'assaisonnement et ajouter l'huile d'olive.
• Déguster avec du pain libanais. Ce plat accompagne parfaitement la Kafta grillée, ainsi que le Chiche taouk (voir p. 94 et p. 98).

VARIANTES

• Vous pouvez supprimer l'ail, certains puristes affirment qu'il n'y en a jamais dans un bon hommos, et réduire au minimum la quantité de citron.
• Certains Beyrouthins incorporent du persil ciselé et du piment en poudre.
• Vous pouver présenter ce plat avec du confit d'agneau *awarma* (vendu tout prêt dans les épiceries orientales) et des pignons de pin frits (voir p. 163).

BON À SAVOIR

Le hommos, surtout sans ail, se conserve 2 jours au réfrigérateur.

REMARQUES

Certains enlèvent les peaux des pois chiches avant de les mixer, et les restaurateurs ajoutent de l'huile en fin de préparation, puis montent le hommos comme une mayonnaise pour lui donner plus d'onctuosité.

LA TOUCHE AUDACIEUSE DE KARIM

Si vous souhaitez surprendre vos convives, vous pouvez remplacer une partie du jus de citron par de l'eau de fleur d'oranger (voir p. 169).

LES LÉGUMES SECS

Plusieurs légumes tiennent une place importante dans la cuisine libanaise. C'est évidemment le cas du pois chiche, dont on fait l'incontournable hommos, ou des fèves, principal ingrédient des falafels, l'un des mets les plus populaires. Diverses préparations contenant ces deux légumes – mais également des haricots secs – constituent parfois le plat unique des familles, juste accompagné d'une salade. C'est également le cas des lentilles, qui entrent dans la composition des plats les plus anciens.

MOUDARDARA
Salade de lentilles blondes

Préparation : 15 min
Cuisson : 45 min

Pour 6 personnes
400 g de lentilles blondes
100 g de riz basmati
4 oignons
60 cl d'huile pour friture
Sel

- Éplucher les oignons, les couper en deux verticalement puis en demi-lunes très fines.
- Verser l'huile dans une poêle. Lorsqu'elle est tiède, ajouter les oignons.
- Remuer continuellement jusqu'à ce que les oignons deviennent dorés et croustillants. Les retirer de la poêle et les étaler sur du papier absorbant pour enlever l'excès d'huile. Laisser les oignons à l'air et conserver l'huile de cuisson.
- Mettre les lentilles dans une casserole et ajouter 4 fois leur volume en eau, sans saler. Porter à ébullition et cuire à feu doux pendant 20 min.
- Égoutter les lentilles en conservant l'eau de cuisson.
- Faire revenir le riz dans 10 cl d'huile de friture des oignons, jusqu'à ce qu'il devienne translucide. Ajouter 2 fois son volume en eau de cuisson des lentilles. Saler généreusement. Porter à ébullition. Cuire 7 min à feu très doux.
- Ajouter les lentilles, couvrir, et laisser cuire 4 min à feu doux.
- Retirer du feu et laisser à couvert encore 15 min, pour que le riz continue de gonfler. Laisser refroidir.
- Une fois la préparation refroidie, mélanger pour éviter que les grains ne cassent.
- Décorer le plat avec les oignons croustillants. Déguster froid ou à température ambiante accompagné d'une salade de tomates (Tomates au cumin, p. 18).

VARIANTE
Au Sud-Liban on ajoute des rondelles ou des quartiers d'oranges pelées.

MOUJADDARA
plat biblique

C'est pour un plat de lentilles qu'Ésaü aurait vendu son droit d'aînesse à son frère Jacob. Il n'est pas interdit de croire que le plat en question était une version antique de la moujaddara, *laquelle semble remonter à la nuit des temps, même si l'on trouve, dans la cuisine du Proche-Orient, d'autres préparations à base de lentilles — des soupes, des purées, des salades...*

Il existe diverses variétés de lentilles, qui ne servent pas aux mêmes recettes. Pour la moujaddara, la meilleure est la lentille verte, ou la lentille « corail », lentille rouge dont on a enlevé la peau.

Souvent, dans les plats orientaux, le riz est associé aux lentilles. Certains diététiciens estiment que l'organisme, pour pouvoir assimiler les protéines contenues dans les lentilles, les pois chiches ou les haricots secs, a besoin de leur associer une céréale telle que le riz, le blé (contenu dans le pain) ou le bourghol.

Préparation : 15 min
Cuisson : 45 min

Pour 6 personnes
400 g de lentilles vertes
  ou rouges
100 g de riz rond
4 oignons
10 cl d'huile d'olive
Sel

- Rincer séparément les lentilles et le riz.
- Mettre les lentilles dans une casserole et ajouter 4 fois leur volume en eau, sans saler. Porter à ébullition et cuire à feu doux pendant 20 min.
- Mixer la préparation et la passer au chinois ou dans une passoire. Réserver.
- Peler les oignons et les hacher finement. Dans une poêle, les faire dorer dans l'huile d'olive.
- Dans une casserole, verser la purée de lentilles, ajouter les oignons, le riz et du sel. Couvrir et cuire à feu doux pendant 25 min, jusqu'à ce que le riz soit cuit et que la consistance soit homogène.
- Servir froid avec une salade de chou ou de tomates.

VARIANTE

On peut laisser les lentilles entières et ajouter le riz après 10 min de cuisson, puis l'oignon.

Moujaddara de lentilles corail

Préparation : 15 min
Cuisson : 40 min

Pour 6 personnes
400 g de lentilles corail
100 g de riz rond
4 oignons
10 cl d'huile d'olive
Sel

- Rincer les lentilles et le riz ensemble dans une passoire.
- Éplucher les oignons et les hacher finement. Dans une casserole, les faire dorer doucement dans l'huile d'olive.
- Ajouter les lentilles et le riz, les couvrir d'eau, 2 cm au-dessus du niveau.
- Porter à ébullition et laisser cuire environ 30 min à feu doux et à couvert, en remuant de temps en temps.
- Après 30 min, ajouter du sel et continuer à remuer sur le feu jusqu'à obtenir la consistance d'une purée.
- Servir chaud ou froid avec une salade.

FALAFELS

D'origine égyptienne, les falafels *sont des galettes de légumes secs, pois chiches et fèves, broyés crus, mélangés aux épices, au persil frais, à la coriandre fraîche, puis frites dans l'huile. Elles sont souvent préparées dans les échoppes populaires devant lesquelles s'agglutinent les chalands, qui les regardent frire, puis attendent qu'on les leur serve roulées dans du pain avec un mélange de crudités finement hachées, auxquelles on ajoute une bonne rasade de sauce tarator.*

Préparation : 10 min
Trempage : 1 nuit
Cuisson : 20 min

Pour 50 pièces
250 g de pois chiches
250 g de févettes
2 gousses d'ail
1 poireau
1/2 courgette
1 bouquet de coriandre
1 cuil. à soupe d'épices
   à falafels en poudre :
   1/4 de poivre noir,
   1/2 de coriandre,
   1/4 de cannelle
1 cuil. à café
   de bicarbonate de soude
Huile pour friture
Sel

Pour la garniture
3 tomates ou 10 tomates
   cerises
1 botte de radis
1 bouquet de menthe
1 bouquet de persil plat
Navets au vinaigre
   (voir ci-contre)

La veille

• Mettre à tremper les pois chiches et les févettes dans un récipient large contenant 3 fois leur volume en eau.

Le jour même

• Nettoyer le poireau et le couper en gros tronçons. Peler l'ail, effeuiller la coriandre. Couper la courgette en morceaux.
• Égoutter les pois chiches et les févettes et les mixer crus avec le poireau, l'ail, la coriandre et la demi-courgette.
• Ajouter les épices, du sel et le bicarbonate, bien malaxer. Le mélange doit rester ferme et homogène.
• Façonner des boulettes de 4 cm de diamètre. Les faire frire 6 à 7 min dans un bain d'huile à 150 °C.
• Servir avec une Sauce *tarator* (voir p. 29), les navets au vinaigre et les éléments de la garniture coupés en petits morceaux et mélangés : tomates, radis, persil et menthe.

VARIANTES

• Vous pouvez ajouter différents ingrédients, tels que piment, poivron ou aneth dans le mélange à mixer, ou en retirer d'autres tels que le poireau ou la courgette.
• Vous pouvez vous passer de bicarbonate de soude. Dans ce cas, le *falafel* sera moins aérien, plus compact.

Navets au vinaigre

Préparation : 10 min
Marinade : 1 semaine

Pour un bocal de 70 cl
2 bottes de navets
   nouveaux
20 cl de vinaigre de vin
15 cl d'eau
1 cuil. à soupe de gros sel

- Laver les navets et couper les tiges.
- Les disposer dans un bocal de 70 cl, en les tassant bien.
- Ajouter le vinaigre, le sel et l'eau pour couvrir complètement les navets.
- Fermer le bocal et attendre une semaine avant de consommer.

VARIANTES

- Vous pouvez utiliser le vinaigre de cidre pour cette recette, le goût vinaigré sera plus atténué.
- Vous pouvez également fendre les navets en croix, ceci aura pour effet d'accélérer la maturation.
- Habituellement, on ajoute un morceau de betterave pour obtenir une belle coloration rouge.

BON À SAVOIR

Vous trouverez des navets au vinaigre tout prêts dans les épiceries orientales.

Les mouajjanates

On désigne par ce terme, forgé à partir de ajîne, *qui veut dire* pâte, *plusieurs mets caractéristiques de la cuisine du Liban et de sa région. Il y a le* lahm-be-ajîne, « la viande sur la pâte », *sorte de pizza carnée ; le* samboussik, *dont le nom rappelle le samossa indien, et qui désigne une pâte farcie de fromage ou de viande enroulée en demi-lune ; les* fatayers, *de forme triangulaire, fourrés d'épinards ou de blettes ; les* rekakats, *à la pâte très fine ; sans oublier les* manaïches, *qui se consomment à toute heure, mais surtout au petit déjeuner.*

MANAÏCHES
Galettes de pain au zaatar

Préparation : 20 min
Repos de la pâte : 40 min
Cuisson : 7 min

Pour 6 manaïches
Pour la pâte
400 g de farine
1 cuil. à soupe
   d'huile d'olive
1 sachet de levure
   de boulanger
1/2 cuil. à café de sel
1 cuil. à café de sucre

Pour la farce
60 g de zaatar (voir p. 164)
20 cl d'huile d'olive

- Mélanger le *zaatar* et l'huile d'olive dans un bol.
- Délayer la levure dans 25 cl d'eau tiède. Mettre la farine, l'huile d'olive, le sucre, le sel et le mélange d'eau et de levure dans un robot. Faire tourner à faible vitesse pendant 15 min. La pâte doit se détacher des parois, sinon ajouter 1 cuil. à soupe de farine.
- Enlever la pâte du robot, la saupoudrer d'un peu de farine pour éviter qu'elle ne colle aux mains, la poser sur un plan de travail, la diviser en 6 parts égales, la couvrir et la laisser gonfler pendant au moins 30 min.
- Étaler les 6 pâtons, les aplatir en forme de cercle, pincer les bords. Presser les doigts sur toute la surface, 5 ou 6 fois.
- Préchauffer le four à 210 °C (th. 7).
- Mettre 2 cuil. à soupe du mélange de *zaatar* et d'huile au centre de chaque cercle de pâte à pain, l'étaler. Les déposer sur la plaque du four recouverte de papier sulfurisé. Laisser reposer 10 min.
- Cuire au four pendant 10 min.
- Servir dès la sortie du four.

REKAKATS
Cigares feuilletés au fromage et au persil

Préparation : 15 min
Cuisson : 5 min

Pour 6 personnes
6 feuilles de brick
  ou de filo
1 fromage halloum
  (voir p. 46)
1 bouquet de persil plat

- Mixer ensemble le fromage et le persil.
- Couper des carrés de 10 cm de côté dans les feuilles de brick ou de filo.
- Déposer 1 cuil. à soupe de ce mélange au centre de chaque carré de pâte. Replier sur 1 cm deux côtés opposés. Rouler ensuite le cigare sur lui-même, en serrant bien afin que la farce ne s'échappe pas.
- Faire frire les *rekakats* à la poêle ou bien cuire 5 min au four préchauffé à 210 °C (th. 7).
- Servir.

REMARQUE

- Le filo est une pâte très fine composée de farine et d'eau. Un paquet contient plusieurs dizaines de feuilles de forme rectangulaire, avec lesquelles on prépare diverses pâtisseries orientales, tel le baklawa. Elles servent également pour des préparations salées. Les feuilles de filo peuvent se conserver 2 ou 3 jours au réfrigérateur, recouvertes d'un linge humide, ou bien au congélateur. La feuille de brick est plus épaisse, mais elle peut remplacer le filo pour certaines recettes comme les *rekakats*.
- Vous trouverez le fromage *halloum* dans les épiceries orientales. Ce fromage de brebis à pâte cuite est fabriqué au Danemark.

VARIANTES

- Vous pouvez farcir les *rekakats* d'un mélange de viande, oignons et pignons de pin (voir p. 163).
- Vous pouvez aussi remplacer le fromage *halloum* par un mélange de 150 g de feta et 100 g de mozzarella.

SAMBOUSSIKS

Préparation : 20 min
Repos de la pâte : 30 min
Cuisson : 20 min

Pour 6 samboussiks
Pour la pâte
200 g de farine
2 cuil. à soupe d'huile
    d'olive
1 pincée de sel
1/2 cuil. à café de sucre
    en poudre

Pour la farce
100 g de viande hachée
    d'agneau
100 g d'oignons
20 g de pignons de pin
    (voir p. 163)
1 cuil. à soupe de yaourt
Quelques feuilles
    de persil plat
Un peu d'huile neutre
Sel et poivre

La farce

• Peler et hacher les oignons, les faire revenir dans un peu d'huile.
• Faire dorer les pignons de pin à sec dans une poêle.
• Ajouter aux oignons l'agneau et les pignons de pin dorés.
• Laisser cuire 10 min à feu doux.
• Pendant ce temps, hacher les feuilles de persil.
• Saler, poivrer et, hors du feu, ajouter le yaourt et le persil haché.

La pâte

• Mettre la farine, l'huile, le sucre, le sel et l'eau dans un robot.
• Faire tourner à faible vitesse pendant 15 min. La pâte doit se détacher
  des parois, sinon ajouter 1 cuil. à soupe de farine.
• Enlever la pâte du robot, la saupoudrer d'un peu de farine pour éviter
  qu'elle ne colle aux mains, la poser sur un plan de travail, la couvrir et la laisser
  gonfler pendant au moins 30 min.
• Préchauffer le four à 200 °C (th. 6-7).
• Fariner généreusement le plan de travail, aplatir la pâte à la main, la retourner,
  l'aplatir à nouveau avec un rouleau à pâtisserie.
• Y découper 6 disques de 8 cm de diamètre. Partager la farce en 6 parts égales
  et les déposer sur les disques de pâte.
• Mouiller légèrement les bords et fermer les *samboussiks* en demi-lunes
  en appuyant dessus avec une fourchette. Les déposer sur la plaque du four
  recouverte de papier sulfurisé.
• Cuire au four pendant 10 min.
• Servir dès la sortie du four.

VARIANTE

Vous pouvez remplacer la farce par du fromage *halloum* râpé et du persil haché.

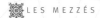

LAHM-BE-AJÎNE
Petites tartes fines à l'agneau et aux tomates

Préparation : 10 min
Repos de la pâte : 45 min
Cuisson : 7 min

Pour 6 personnes
Pour la pâte
400 g de farine
1 cuil. à café de sucre
   en poudre
1 sachet de levure
   de boulanger
1/2 cuil. à café de sel
1 cuil. à soupe
   d'huile d'olive

Pour la farce
200 g de viande hachée
   d'agneau
250 g de tomates
1/4 d'oignon
Quelques gouttes
   de debs remmane
   (jus de grenade,
   voir p. 166)
Sel et poivre

Pour accompagner
3 yaourts nature

La pâte

- Délayer la levure dans 25 cl d'eau tiède.
- Mettre la farine, le sucre, l'huile, du sel et le mélange d'eau et de levure dans un robot.
- Faire tourner à faible vitesse pendant 15 min. La pâte doit se détacher des parois, sinon ajouter 1 cuil. à soupe de farine.
- Enlever la pâte du robot, la saupoudrer d'un peu de farine pour éviter qu'elle colle aux mains, la poser sur un plan de travail, la diviser en 6 parts égales, la couvrir et la laisser gonfler pendant au moins 30 min.
- Fariner généreusement le plan de travail, aplatir les 6 pâtons à la main, les retourner, les aplatir à nouveau avec un rouleau à pâtisserie.
  Faire 6 disques de 8 cm de diamètre et les disposer sur une plaque allant au four recouverte de papier sulfurisé.
- Laisser reposer 15 min.

La farce

- Mixer les tomates et le morceau d'oignon avec du sel et du poivre, y ajouter quelques gouttes de *debs remmane*. Malaxer avec la viande hachée.
- Préchauffer le four à 200 °C (th. 6-7).
- Répartir la farce sur les disques de pâte et l'étaler.
- Enfourner pour 7 min de cuisson.
- Servir accompagné de yaourt.

REMARQUE

Pour toutes les pâtes à pain, il est préférable d'utiliser une farine légèrement bise, où la présence d'un peu de son retient l'humidité et empêche le dessèchement de la pâte après cuisson. On peut employer de la farine Type 80 ou 110. Plus le calibrage est élevé, plus elle contient de fibres.
On peut la mélanger à de la farine d'épeautre, ou encore à de la semoule fine de blé qui va apporter un peu de légèreté. Les farines non traitées sont idéales car les produits de traitement se fixent justement au niveau du son.

FATAYERS AUX ÉPINARDS

Préparation : 10 min
Repos de la pâte : 30 min
Cuisson : 15 min

Pour 6 fatayers
Pour la farce
200 g d'épinards frais
50 g d'oignons
20 g de pignons de pin
    (voir p. 163)
10 cl de jus de citron
5 cl d'huile d'olive
1 cuil. à soupe de sumac
    (voir p. 162)
Sel

Pour la pâte
200 g de farine
1/2 cuil. à café de sucre
    en poudre
1/2 sachet de levure
    de boulanger
1 cuil. à soupe d'huile
    d'olive
1 pincée de sel

La farce

- Peler les oignons. Hacher les épinards et les oignons.
- Dans une poêle, faire dorer les pignons de pin à sec.
- Mélanger les épinards, les oignons, les pignons de pin dorés, le jus de citron, du sel, l'huile d'olive et le *sumac*. Réserver.

La pâte

- Délayer la levure dans 15 cl d'eau tiède.
- Mettre la farine, l'huile d'olive, le sucre, le sel, l'eau et la levure dans un robot.
- Faire tourner à faible vitesse pendant 15 min. La pâte doit se détacher des parois, sinon ajouter 1 cuil. à soupe de farine.
- Enlever la pâte du robot, la saupoudrer d'un peu de farine pour éviter qu'elle colle aux mains, la poser sur un plan de travail, la couvrir et la laisser gonfler pendant au moins 30 min.
- Préchauffer le four à 200 °C (th. 6-7).
- Fariner généreusement le plan de travail, aplatir la pâte à la main, la retourner, l'aplatir à nouveau avec un rouleau à pâtisserie.
- Faire 6 cercles de 8 cm de diamètre et les déposer sur une plaque de cuisson recouverte de papier sulfurisé. Partager la farce en 6 parts égales et les déposer sur les cercles de pâte.
- Mouiller légèrement les bords et les replier sur le dessus de façon à former un triangle.
- Cuire au four pendant 10 min.
- Servir dès la sortie du four.

VARIANTE

Fatayers aux blettes. Remplacez les épinards par des feuilles de blettes.

FROMAGES DU LIBAN

*Même s'ils ne sont pas très nombreux, les fromages occupent dans la cuisine libanaise une place privilégiée.
Certains, comme la* labné, *sont constamment présents sur les tables ; d'autres, comme le* chankliche, *font l'objet
d'une préparation sophistiquée. Il existe également des fromages qui sont considérés comme locaux même s'ils sont d'origine
étrangère, tel le* halloum, *originaire de Chypre, ou le* kachkawan, *parfois appelé* kachkaval — *dont le nom est une adaptation
locale du* caciocavallo *italien... Il y a également les fromages traditionnels des bergers de la montagne, ou de la plaine
de la Bekaa, fromages caillés, à base de lait de chèvre, de vache ou de brebis. Les Libanais apprécient le fromage à divers
moments de la journée — au réveil, au commencement d'un repas, à l'heure du goûter, ou à l'occasion d'un « petit creux ».
En revanche, il n'est pas dans leurs habitudes de le déguster, comme en France, à la fin d'un repas, entre le plat et le dessert.*

CHANKLICHE EN SALADE

Cette préparation porte le nom d'un fromage traditionnel ayant la forme d'une boule épicée. On peut effectivement réaliser cette salade à partir du chankliche *; mais comme il n'est pas facile à trouver, on peut le remplacer par d'autres produits laitiers, telle la feta. Si le* chankliche *est rare, c'est parce que son procédé de fabrication est long et que la tradition se perd. Lorsqu'on battait le lait de brebis pour en extraire la crème et le beurre, il restait un liquide appelé lait de beurre, ou babeurre — c'est lui qui servait à faire le* chankliche. *Ce liquide était alors bouilli, égoutté, et la pâte ainsi obtenue était salée, roulée en boules et séchée au soleil. On plaçait alors les fromages dans des bocaux, jusqu'à ce qu'ils se couvrent de moisissures. Puis on les nettoyait à l'eau, on les remettait au soleil, avant d'y ajouter divers condiments : de la menthe, du* zaatar, *du poivre, du piment, parfois même des noix ou de l'ail.*

Préparation : 30 min
Repos au frais : 7 jours

Pour 6 personnes
Pour le fromage
500 g de labné (voir p. 49)
5 cuil. à soupe de zaatar
   (voir p. 164)
1 cuil. à soupe de piment
   en poudre

Pour la garniture
250 g de tomates cerises
6 cébettes ou petits
   oignons nouveaux
15 feuilles de basilic
Huile d'olive

Le chankliche
• Mélanger la *labné*, la moitié du *zaatar* et le piment ; partager en deux parts égales et les étaler chacune sur un torchon posé sur un plat.
• Laisser égoutter 3 jours au frais en changeant régulièrement le torchon.
• Prendre chaque part séparément, former une boule et la rouler dans le reste du *zaatar*, et la remettre à sécher quatre autres jours, toujours au frais.
• Ce fromage peut se conserver plusieurs semaines au frais.

La salade
• Émietter les deux boules de fromage, couper les tomates en quartiers, les cébettes et le basilic, mélanger l'ensemble avec un peu d'huile d'olive et déguster avec du pain en guise de *mezzé*.

VARIANTE

Vous pouvez remplacer la *labné* par de la feta, ce qui donnera un fromage plus sec et permettra une préparation immédiate du *chankliche*.

HALLOUM POÊLÉ

Préparation : 5 min
Trempage : 1 h
Cuisson : 5 min

Pour 6 personnes
2 fromages halloum
   de 250 g
1 cuil. à café de graines
   de sésame

• Couper les fromages en tranches de 1 cm d'épaisseur.
• Les mettre à tremper dans de l'eau fraîche pendant 1 h.
• Les égoutter et les saisir 1 min de chaque côté dans une poêle antiadhésive.
• Parsemer de sésame, servir chaud.

LA TOUCHE AUDACIEUSE DE KARIM

Vous pouvez servir le halloum *avec de la confiture de coing.*

LABNÉ

On appelle labné *le yaourt égoutté qui ressemble à un fromage frais et que les Libanais consomment à divers moments de la journée — au petit déjeuner, au goûter, avec les* mezzés, *et parfois même en guise de dîner léger. Généralement couvert d'huile d'olive, il est recueilli dans du pain, accompagné d'une olive, d'un peu de zaatar (voir p. 164), d'un quartier de tomate, d'un bout de concombre, d'une feuille de menthe, selon les goûts de chacun… C'est souvent à base de* labné *qu'on prépare la tartine libanaise appelée* arouss — *composée de pain roulé, bien serré, contenant divers ingrédients, elle est nourrissante et facile à tenir ; il n'est pas rare de voir des enfants croquer dedans sans interrompre leurs jeux.*

Autrefois, yaourt et labné *étaient faits chaque semaine dans les maisons. Aujourd'hui, les Libanais achètent plutôt ces produits laitiers dans les crèmeries ou dans les grandes surfaces. Mais certaines familles continuent à les préparer chez elles, à la manière traditionnelle. Ayant fait bouillir le lait, on le verse dans un récipient en terre cuite, émaillé sur la face intérieure, appelé* édré. *On laisse tiédir. Il est essentiel, pour réussir cette préparation, que le lait soit chaud, mais pas trop ; pour en juger, les personnes astucieuses y plongent le petit doigt ; si elles peuvent compter jusqu'à dix sans se brûler, c'est qu'on est à la bonne température. On ajoute alors le contenu d'un petit pot de yaourt ; on mélange. On couvre le récipient d'une assiette, on l'entoure d'un linge épais, on le laisse reposer toute la nuit. Au matin, le yaourt est prêt.*

Pour le transformer en labné, *on le verse dans un sac en coton fin, on l'accroche en hauteur, on le laisse égoutter. Au bout de quelques heures, on le décroche, on recueille le fromage compact, on le sale et on le garde au frais. Il peut être conservé ainsi pendant une semaine.*

Préparation : 5 min
Égouttage : 1 nuit

Pour 6 personnes
1 kg de yaourt entier
    ou demi-écremé
1 cuil. à café de sel

La veille

• Mettre le yaourt et le sel mélangés dans un linge fin.
• Déposer l'ensemble dans une passoire.

Le jour même

• Retirer le caillé obtenu et le mettre au frais.
• Servir sur du pain avec de l'huile d'olive, du *zaatar* (voir p. 164) ou des feuilles de menthe et des concombres.

VARIANTES

• Vous pouvez utiliser du yaourt de brebis qui donne un labné plus onctueux ou un yaourt de chèvre qui a un goût plus prononcé.
• Vous pouvez aussi ajouter à la préparation toutes sortes d'aromates : menthe séchée, ail, etc.

LES SOUPES

Nombreuses dans la cuisine libanaise,
les soupes constituent parfois le plat unique du soir.
Elles contiennent souvent des lentilles et divers légumes secs.
Elles sont rarement mixées.

ADASS-BE-HAMOD
Soupe de lentilles aux blettes et au citron

Appelée littéralement « lentilles au citron », cette soupe villageoise est un classique de la cuisine hivernale. D'ordinaire, elle est servie très chaude, mais ses ingrédients permettent de la consommer tiède, ou même froide, et en toute saison.

Préparation : 25 min
Cuisson : 40 à 45 min

Pour 8 personnes
300 g de lentilles blondes
2 pommes de terre
1 botte de blettes
   ou 5 feuilles
3 gousses d'ail
3 oignons
1 bouquet de coriandre
1 citron (jus)
1/2 cuil. à café de cumin
   en poudre
2 cuil. à soupe d'huile
   neutre
Sel et poivre

- Éplucher les oignons et l'ail. Hacher finement les oignons et la coriandre séparément.
- Dégermer et piler l'ail.
- Peler les pommes de terre puis les couper en petits dés.
- Laver les feuilles de blettes et les couper grossièrement, réserver les tiges pour une autre recette, par exemple le Moutabbal de blettes (voir p. 28).
- Dans un grand faitout, verser 2 litres d'eau et y faire cuire les lentilles pendant 30 min à couvert.
- Faire revenir les oignons dans une poêle avec l'huile, ajouter l'ail puis la coriandre.
- Ajouter les blettes et les pommes de terre aux lentilles, ainsi que l'oignon, l'ail et la coriandre revenus.
- Couvrir et cuire à feu doux 10 à 15 min.
- Ajouter le cumin, du sel, du poivre et le jus de citron.

VARIANTES

- Vous pouvez utiliser des lentilles vertes pour cette recette et ajouter les tiges des blettes. Pour cela, il faudra les hacher finement pour qu'elles cuisent en même temps que les autres légumes, et prévoir 5 min de cuisson supplémentaires.
- Vous pouvez ajouter 4 courgettes coupées en demi-lunes de 4 mm d'épaisseur.
- Vous pouvez également ajouter, en fin de cuisson, 1 cuil. à soupe de farine délayée dans de l'eau pour épaissir la soupe.
- Dans la région du Akkar, on utilise des lentilles rouges pour cette recette et on remplace le cumin par 1 bâton de cannelle et du poivre doux.

SOUPE DE LENTILLES CORAIL À LA TOMATE

Préparation : 5 min
Cuisson : 20 min

Pour 6 personnes
300 g de lentilles corail
75 cl de jus de tomate
1 bouquet de coriandre
Sel

- Rincer les lentilles.
- Les mettre dans un faitout, ajouter 75 cl d'eau et le jus de tomate, couvrir et porter à ébullition.
- Cuire 20 min à feu doux.
- Pendant ce temps, ciseler les feuilles de coriandre.
- Saler et servir la soupe parsemée de coriandre fraîche ciselée.

VARIANTE

En fin de cuisson, ajoutez 2 gousses d'ail pelées et pilées.

SOUPE DE LENTILLES BLONDES

Préparation : 10 min
Cuisson : 40 min

Pour 6 personnes
400 g de lentilles blondes
1 carotte
1 pomme de terre
250 g de viande hachée
   d'agneau
Huile neutre
Sel et poivre

- Rincer les lentilles. Éplucher la carotte et la pomme de terre.
- Dans un faitout, verser 1,5 litre d'eau, ajouter les lentilles, la carotte et la pomme de terre entières, porter à ébullition et cuire 30 min à feu doux.
- Mixer l'ensemble et passer à travers une passoire fine, saler.
- Saler et poivrer la viande, façonner des petites boulettes, les faire revenir dans une poêle avec un peu d'huile.
- Déposer les boulettes de viande dans la soupe et porter à ébullition.
- Servir aussitôt.

VARIANTE

Vous pouvez également servir avec des petits carrés de pain frits ou grillés posés sur la soupe.

SOUPE DE POULET AUX VERMICELLES

Préparation : 10 min
Cuisson : 1 h

Pour 6 personnes
1 poulet
200 g de vermicelles
2 oignons
1/2 citron (jus)
6 brins de persil plat
4 cuil. à soupe d'huile
  neutre
Sel et poivre

- Mettre 2 cuil. à soupe d'huile dans une cocotte et y faire dorer le poulet entier.
- Pendant ce temps, éplucher les oignons et les couper en quartier.
- Ajouter dans la cocotte 2 litres d'eau, les oignons et cuire pendant 45 min.
- Écumer à plusieurs reprises pour enlever les impuretés qui se dégagent du bouillon.
- Retirer le poulet et les oignons du bouillon et laisser refroidir.
- Enlever la peau et les os du poulet ; ajouter la chair au bouillon dégraissé.
- Mettre 2 cuil. à soupe d'huile dans une poêle, y faire revenir les vermicelles jusqu'à ce qu'ils soient dorés.
- Les ajouter à la soupe et les faire cuire pendant 10 min. Ciseler le persil.
- Saler, poivrer et servir.
- Parsemer les assiettes de persil ciselé, et verser un peu de jus de citron par-dessus.

HAMISS

Soupe aux oignons doux

Préparation : 40 min
Cuisson : 35 min

Pour 6 personnes
18 minis kebbés de viande
  frits (voir p. 63)
2 kg d'oignons
1 bouquet de persil plat
1 litre d'eau ou de bouillon
  de volaille
2 cuil. à soupe de debs
  remmane (jus de
  grenade, voir p. 166)
Sel

- Éplucher les oignons. Les cuire dans l'eau salée ou le bouillon de volaille pendant 30 min à couvert. Mixer.
- Ajouter les kebbés et porter à ébullition.
- Laisser cuire à frémissement pendant 5 min.
- Ajouter le *debs remmane*.
- Au moment de servir, parsemer de persil ciselé.

REMARQUE

Pour faire des minis kebbés, suivre la recette p. 63 en formant des boulettes de 3 cm de diamètre.

Soupe d'hiver aux légumes

Préparation : 30 min
Cuisson : 1 h 20

Pour 8 personnes

2 souris d'agneau
désossées ou 400 g
d'épaule d'agneau
(en gardant les os)
4 pommes de terre
3 tomates
3 courgettes
100 g de petits pois
écossés ou de haricots
verts
3 oignons
3 carottes
2 gousses d'ail
2 branches de céleri
2 feuilles de laurier
2 cuil. à soupe d'huile
neutre
Sel

- Couper la viande en dés et la mettre dans une casserole avec les os, 1 oignon entier épluché et le laurier. Couvrir d'eau à hauteur.
- Porter à ébullition, puis baisser le feu et laisser cuire à feu doux durant 1 h, en écumant régulièrement la mousse qui se forme à la surface.
- Hacher les 2 oignons restants. Peler et piler l'ail dégermé. Peler les branches de céleri et les couper finement. Couper les courgettes en demi-lunes, en les coupant d'abord en deux dans le sens de la longueur puis en rondelles. Éplucher les carottes et les couper en biseau, en coupant des rondelles de biais. Peler les tomates et les couper en huit. Peler les pommes de terre et les couper en petits dés.
- Dans un faitout, faire blondir l'oignon et l'ail dans 2 cuil. à soupe d'huile.
- Ajouter le céleri, puis les carottes, 1 min plus tard les courgettes, les petits pois ou les haricots verts, faire revenir 2 min.
- Ajouter les tomates, mouiller à hauteur avec l'eau de cuisson de l'agneau.
- Couvrir, porter à ébullition, ajouter les pommes de terre.
- Cuire à feu doux 10 à 15 min.
- Ajouter la viande. Saler et servir.

LES
KEBBÉS

Plat de base de la cuisine libanaise, le *kebbé* est une préparation dont l'ingrédient principal est un mélange compact de bourghol (voir p. 160) et d'un deuxième ingrédient qui est généralement de la viande mais qui peut être du poisson ou même un légume tel que le potiron ou la pomme de terre. Le *kebbé* se déguste cru, frit, grillé ou au four, et se présente sous forme de boulettes farcies, ou de galettes, agrémentées parfois d'une sauce. Selon les recettes, il peut être servi à l'apéritif, en entrée, ou en plat principal. Les *kebbés* de viande sont les plus populaires. La viande est souvent de l'épaule d'agneau, désossée et dégraissée. On peut également utiliser du rumsteck de bœuf. Traditionnellement, la viande était pilée dans un mortier en pierre, avec des glaçons pour éviter le réchauffement, puis malaxée à la main avec le bourghol. Faute d'un mortier adéquat, on peut demander au boucher de passer la viande deux fois au hachoir.

KEBBÉ DE POMMES DE TERRE

Préparation : 40 min
Repos au frais : 1 h
Cuisson : 20 min

Pour 40 pièces
Pour les boulettes
1 kg de pommes de terre
   (charlottes de préférence)
200 g de bourghol fin
   (voir p. 160)
100 g de farine
1 oignon
1 bouquet de coriandre
1 litre d'huile pour friture
Sel

Pour la sauce
25 cl de yaourt
2 gousses d'ail
2 bouquets de coriandre
Sel

Les boulettes

- Cuire les pommes de terre dans de l'eau bouillante salée pendant 15 min. Les peler et les écraser à chaud à la fourchette, puis les mettre au frais durant 1 h.
- Peler l'oignon. Mixer dans un robot l'oignon, le bouquet de coriandre et 100 g de bourghol.
- Dans un saladier, mettre la purée de pommes de terre, le reste de bourghol, la farine, ainsi que le mélange oignon-coriandre-bourghol mixés puis saler.
- Les malaxer jusqu'à obtenir une pâte homogène.
- Confectionner avec cette pâte des boulettes de 3 cm de diamètre, les aplatir et les faire frire dans l'huile chaude.

La sauce

- Peler l'ail et le dégermer. Dans un mixeur, mettre la coriandre, l'ail et du sel. Lorsque le hachis est fin, ajouter la moitié du yaourt, mixer à nouveau, puis incorporer le reste de yaourt sans mixer.
- Servir les boulettes chaudes accompagnées de sauce.

VARIANTES

- Vous pouvez également cuire le *kebbé* de pommes de terre dans un plat allant au four : au lieu de façonner des boulettes, étalez une couche de pâte de 2 cm d'épaisseur, arrosez-la d'un filet d'huile d'olive et enfournez-la à 180 °C (th. 6) pendant 12 min.
- Il est également possible d'éliminer la farine de cette recette. Dans ce cas, il n'est pas nécessaire de cuire la pâte au four ; versez 1 filet d'huile d'olive et dégustez-la froide.

REMARQUE

Vous pouvez présenter les kebbés avec deux autres sauces : la sauce orange au potiron du Kebbé au potiron (voir p. 62) et la sauce rouge à la betterave du Kebbé méchouiyé (voir p. 64).

KEBBÉ DE POTIRON

Préparation : 1 h 30
Repos au frais : 1 h
Cuisson : 1 h 30

Pour 40 pièces
Pour le kebbé
2 kg de chair de potiron
100 g de pommes de terre
   charlottes
200 g de bourghol fin
   (voir p. 160)
100 g de farine
1 litre d'huile pour friture
Sel

Pour la farce
1 kg d'oignons
50 g de noix décortiquées
2 cuil. à soupe de debs
   remmane (jus de
   grenade, voir p. 166)
5 cl d'huile neutre

Pour la sauce
100 g de potiron cuit
   (compris dans les
   ingrédients du kebbé)
25 cl de yaourt
1 gousse d'ail
1 cuil. à café de menthe
   séchée en poudre
Sel

Le kebbé

- Peler les pommes de terre. Couper le potiron en gros quartiers, le cuire à l'eau 20 min avec les pommes de terre.
- Égoutter dans une passoire au-dessus d'un récipient, en pressant pour retirer le maximum d'eau.
- Réserver 50 cl d'eau de cuisson. Garder au frais.
- Réserver 100 g de potiron pour la sauce.
- Dans un mixeur, réduire séparément en purée le potiron puis les pommes de terre. Les mélanger.
- Ajouter le bourghol fin, la farine et du sel, mélanger pour obtenir une pâte homogène.
- Mettre au frais pendant 1 h sans couvrir pour permettre au bourghol de gonfler.

La farce

- Éplucher les oignons, les hacher et les faire revenir à feu doux et à couvert dans l'huile, sans les colorer, durant 1 h, en remuant de temps en temps.
- Hacher grossièrement les noix, les ajouter aux oignons ainsi que le *debs remmane*.
- Sortir le *kebbé* (la pâte) du réfrigérateur. Il doit être ferme, sinon ajouter 1 poignée de bourghol.

Les boulettes

- S'humecter régulièrement les mains avec l'eau de cuisson du potiron et façonner de grosses boulettes de pâte, en forme de demi-sphères, les farcir du mélange oignons et noix, refermer en aplatissant les bords.
- Faire frire dans l'huile chaude 6 min environ, jusqu'à ce que la pâte soit dorée et croustillante.

La sauce

- Peler l'ail, le dégermer et le piler. Écraser à la fourchette le potiron réservé, le mélanger au yaourt. Ajouter l'ail, la menthe et du sel. Bien mélanger et présenter à part avec les boulettes.

VARIANTE

Au Nord du Liban, ce *kebbé* est présenté dans un plat allant au four. La pâte n'est pas frite mais étalée en 2 couches superposées séparées par la farce à laquelle on ajoute 3 feuilles de blettes hachées finement. Le dessus est couvert de graines de sésame et de 1 filet d'huile d'olive, puis il est cuit 20 min au four à 200 °C (th. 6-7).

BOULETTES DE KEBBÉ FRITES

Préparation : 1 h 05
Trempage : 10 min
Cuisson : 35 à 40 min

Pour 40 pièces
Pour le kebbé
500 g de viande hachée
    d'agneau
    ou de rumsteck
350 g de bourghol fin
    (voir p. 160)
1 litre d'huile pour friture
Sel et poivre

Pour la farce
200 g de viande hachée
    d'agneau
6 oignons
50 g de pignons de pin
    (voir p. 163)
Sel et poivre

- Mettre à tremper le bourghol dans de l'eau froide pendant 10 min puis le presser dans les mains pour enlever l'excès d'eau.

La farce

- Peler et hacher les oignons finement.
- Faire chauffer dans une poêle 10 cl d'huile. Y faire revenir les pignons de pin, jusqu'à ce qu'ils soient dorés, les remuer continuellement, sans les faire brûler.
- Ajouter les oignons, les faire suer 15 min à feu doux.
- Ajouter la viande hachée, saler et poivrer ; laisser mijoter 10 min à découvert.
- Laisser refroidir dans une passoire.

Le kebbé

- Pendant ce temps, malaxer longuement à la main ou dans un robot pendant au moins 10 min tous les ingrédients de la pâte à *kebbé* — viande, bourghol, sel et poivre. Si on utilise un robot, il faut ajouter 3 glaçons pour éviter l'échauffement de la pâte.
- Diviser la pâte en 35 à 40 boulettes égales. Garder à portée de la main un bol d'eau glacée, pour y tremper la main et humidifier ainsi les boulettes.
- Prendre chaque boulette dans la main et la creuser avec l'index, la farcir, et la refermer (voir pas à pas ci-dessous).
- Quand toutes les boulettes sont terminées, faire chauffer l'huile dans une poêle et y faire frire les boulettes pendant 3 min. Servir.

LA TOUCHE AUDACIEUSE DE KARIM

- *Remplacez l'agneau de la farce par des raisins de Corinthe, des noix, des pistaches et des noix de cajou. Ajouter 2 cuil. à soupe de miel en fin de cuisson.*
- *Servez avec une sauce composée de basilic, de pignons de pin (voir p. 163) et de miel mixés.*

KEBBÉ MÉCHOUIYÉ

Traditionnellement, cette spécialité du Nord du Liban se présente sous la forme de grosses boules de la taille d'une main, qui sont grillées sur un feu de charbon de bois. Pour rendre la recette plus facile à réaliser, nous conseillons de préparer des boulettes plus petites et de les griller au four.

Préparation : 1 h 05
Trempage : 10 min
Cuisson : 6 min

Pour 40 pièces
Pour la pâte
500 g de viande hachée
    d'agneau dégraissée
    ou de rumsteck
350 g de bourghol fin
    (voir p. 160)
Sel et poivre

Pour la farce
1 oignon
50 g de noix décortiquées
1 cuil. à soupe de sumac
    (voir p. 162)
1 pointe de piment
    en poudre
    ou du Tabasco
400 g de gras d'agneau
    (à défaut : du beurre)
Sel

Pour la sauce
25 cl de yaourt
1 betterave cuite
1 gousse d'ail
1 cuil. à café de menthe
    séchée en poudre
Sel

Le kebbé

- Tremper le bourghol dans de l'eau froide pendant 10 min puis le presser dans les mains pour enlever l'excès d'eau.
- Mélanger le bourghol, la viande, du sel et du poivre et malaxer longuement à la main ou dans un mixeur pendant au moins 10 min. Si on utilise un mixeur il faut ajouter 3 glaçons pour éviter l'échauffement.
- Mettre la pâte au réfrigérateur.

La farce

- Éplucher et hacher l'oignon.
- Concasser grossièrement les noix.
- Mélanger l'oignon, les noix, le *sumac*, du sel, le piment et la matière grasse choisie.
- Mettre au frais.

Les boulettes

- Préchauffer le four à 210 °C (th. 7).
- Sortir le *kebbé* et la farce du réfrigérateur, confectionner des demi-sphères de 5 cm de diamètre et les farcir comme pour le *kebbé* frit (voir p. 63) en mettant une boulette de farce dans chaque *kebbé* ; bien fermer les bords. Les déposer sur la lèchefrite.
- Cuire à four chaud pendant 6 min.

La sauce

- Râper la betterave, peler la gousse d'ail, la dégermer, et la piler ou l'écraser au presse-ail ou avec la lame d'un couteau.
- Ajouter le yaourt, le sel et la menthe jusqu'à obtenir une sauce homogène.

- Déguster les *kebbés* bien chauds, accompagnés de la sauce froide ou à température ambiante. Si le *kebbé* refroidit, la farce se fige et perd sa saveur.

KEBBÉ NAYYÉ
Tartare de kebbé

Préparation : 15 min
Trempage : 30 min

Pour 6 personnes
500 g de viande hachée
    d'agneau ou
    de rumsteck
200 g de bourghol fin
    (voir p. 160)
50 g d'oignons blancs
    nouveaux
1 bouquet de menthe
1 filet d'huile d'olive
    fruitée
20 g de pignons de pin
    (voir p. 163)
Sel et poivre

Pour la garniture
1 bouquet de menthe
1 bouquet de persil plat
10 cébettes ou petits
    oignons nouveaux
10 tomates cerises
1 cuil. à soupe de sumac
    (voir p. 162)
1 filet d'huile d'olive

Le kebbé

- Mettre à tremper le bourghol dans un bol d'eau glacée pendant 30 min.
- Éplucher l'oignon. Le hacher finement ainsi que les feuilles de menthe et réserver.
- Mettre le bourghol dans une passoire et le presser afin d'enlever l'excès d'eau puis le réserver.
- Mettre la viande sur une planche à découper, ajouter le bourghol, la menthe et l'oignon hachés, du sel et du poivre, et mélanger en appuyant avec la paume de la main.
- Tremper les mains dans de l'eau froide et malaxer à nouveau, ajouter petit à petit de l'eau glacée, si cela est nécessaire, jusqu'à ce que la pâte soit lisse et homogène.
- Mettre la préparation obtenue dans un plat, la parsemer de pignons de pin et verser un filet d'huile d'olive.
- Déguster avec du pain libanais (voir p. 161) et des oignons verts.

La garniture

- Hacher grossièrement les éléments de la garniture : menthe, persil, tomates et cébettes, saupoudrer de *sumac,* ajouter un filet d'huile d'olive et servir à part.
- Cette garniture peut accompagner de nombreux plats (Falafels, voir p. 36, grillades de viandes...).

VARIANTES

- Au Liban, chaque région, chaque famille, et même chaque gourmet a sa propre recette de *kebbé nayyé*. Les uns préfèrent utiliser quatre fois moins de bourghol ; d'autres multiplient épices et condiments — feuilles de basilic hachées, cumin, piment en poudre, etc. — ; alors que d'autres encore se contentent d'une rasade d'huile d'olive, rien de plus...
- Dans certains villages de la montagne, on mélange à la viande de la marjolaine et on sert le tartare de *kebbé* avec du confit d'agneau. Au Nord du pays, on remplace une partie du bourghol par de la noix pilée. Dans le Sud, la viande n'est pas mélangée au bourghol, elle est hachée, réduite en purée avec du sel et présentée avec de la *kammouné* : mélange de bourghol mixé avec de l'oignon, de la menthe, du cumin, du basilic, de la marjolaine et des pétales de roses séchés.

Kebbé de poisson

Ce plat se prépare habituellement avec le loup de Méditerranée (c'est-à-dire le bar). On peut également utiliser un mélange de lieu jaune et de lotte. On le sert avec de la Sauce tajine.

Préparation : 30 min
Cuisson : 20 min

Pour 6 personnes
300 g de chair de lieu
   jaune ou de cabillaud
300 g de lotte
300 g de bourghol fin
   (voir p. 160)
100 g de farine
3 oignons
2 bouquets de coriandre
1 orange (non traitée)
50 g de pignons de pin
   (voir p. 163)
1 g de safran en poudre
10 cl d'huile
Sel et poivre

Pour accompagner
1 sauce tajine (p. 29)

- Préchauffer le four à 200 °C (th. 6-7).
- Peler et couper 2 oignons en rondelles, les faire suer quelques minutes dans un peu d'huile avec les pignons de pin, du sel et du poivre. Ajouter le safran et les disposer dans un plat allant au four.
- Mixer la chair de poisson jusqu'à obtenir une purée.
- Peler l'oignon restant. Prélever le zeste de l'orange. Mixer à part l'oignon, la coriandre et le zeste de l'orange avec 1 poignée de bourghol. Ajouter la chair de poisson, le restant de bourghol et la farine, saler et poivrer puis malaxer à la main.
- Étaler la pâte obtenue sur les oignons en une couche de 2 cm d'épaisseur.
- Faire un trou au milieu.
- Verser l'huile restante et enfourner pour 15 min de cuisson.
- Retirer l'excédent d'huile, laisser tiédir et découper en parts.
- Servir accompagné d'une Sauce *tajine* (voir p. 29).

VARIANTE

Petites boulettes de poisson à la coriandre. Préparez la pâte sans les oignons safranés. Formez des petites galettes aplaties et faites-les frire dans l'huile chaude. Servez à l'apéritif.

KEBBÉ BIL SAÏNIYÉ

Kebbé au four

Préparation : 35 min
Trempage : 30 min
Cuisson : 1 h

Pour 6 personnes
Pour le kebbé
500 g de viande hachée
   d'agneau ou de
   rumsteck
350 g de bourghol fin
   (voir p. 160)
1 filet d'huile neutre
Sel et poivre

Pour la farce
200 g de viande
   hachée d'agneau
6 oignons
50 g de pignons de pin
   (voir p. 163)
10 cl d'huile neutre
Sel et poivre

- Mettre à tremper le bourghol dans de l'eau froide pendant 10 min puis le presser dans les mains pour enlever l'excès d'eau.

La farce

- Éplucher et hacher les oignons, réserver.
- Mettre dans une poêle 10 cl d'huile. Y faire revenir les pignons de pin, jusqu'à ce qu'ils soient dorés, les remuer continuellement, sans les laisser brûler.
- Ajouter les oignons, les faire suer 15 min à feu doux.
- Ajouter la viande hachée, saler et poivrer, laisser mijoter 10 min environ, à découvert.
- Laisser refroidir dans une passoire.

La pâte

- Pendant ce temps, malaxer longuement à la main ou dans un robot pendant au moins 10 min la viande, le bourghol, du sel et du poivre. Si on utilise un robot il faut ajouter 3 glaçons pour éviter l'échauffement de la pâte.

Le plat

- Préchauffer le four à 200 °C (th. 6-7).
- Enduire d'huile le plat allant au four et y étaler la moitié de la pâte, recouvrir avec la farce, puis étaler l'autre moitié de la pâte en l'aplatissant avec les mains puis en la posant au-dessus de la farce, pour couvrir tout le plat. Avec le doigt, faire un trou au milieu.
- Décorer le dessus en utilisant la pointe d'un couteau, et en traçant des lignes horizontales et verticales. Verser 1 filet d'huile par-dessus et cuire au four pendant 20 min.
- Sortir du four, enlever l'excédent d'huile, découper en parts.
- Déguster avec une salade de choux, de laitue ou de tomates ou encore du Yaourt au concombre (voir ci-contre).
- Certains servent le *kebbé* chaud dans l'assiette recouvert de 2 cuil. à soupe de yaourt froid.

Kebbé au yaourt

Préparation : 60 min
Cuisson : 30 min

Pour 40 pièces

40 boulettes de kebbé
frites (voir la recette
p. 63)
1,5 kg de yaourt
15 g de fécule de maïs
(Maïzena)
100 g de riz rond
2 gousses d'ail
1 bouquet de coriandre
1 cuil. à soupe d'huile
neutre

• Préparer des boulettes de *kebbé* frites en suivant la recette p. 63.

La sauce

• Rincer le riz. Le faire cuire 20 min dans 25 cl d'eau bouillante.
• Peler l'ail et le dégermer. Délayer la fécule dans le yaourt.
• Porter le yaourt à ébullition dans une casserole à fond épais en fouettant
régulièrement. Ajouter le riz avec son eau de cuisson.
• Ajouter ensuite les boulettes et l'ail pilé.
• Cuire encore 10 min à feu doux puis laisser tiédir.
• Laver la coriandre. La ciseler puis la faire revenir dans un peu d'huile.
• Servir les *kebbés* au yaourt froids parsemés de coriandre.

VARIANTES

• Dans la plaine de la Bekaa, on remplace la coriandre par de l'estragon.
• Ce plat peut également être servi chaud, accompagné d'un Riz basmati
(voir p. 77). Dans ce cas, la recette est identique, mais ne contient pas de riz.

Khiar bi laban

Yaourt au concombre

C'est l'accompagnement idéal pour le Kebbé bil saïniyé.

Préparation : 10 min

Pour 6 personnes

1 litre de yaourt
3 petits concombres
ou 1 grand concombre
1 gousse d'ail
1 cuil. à soupe de menthe
séchée
Sel

• Couper les concombres en demi-lunes sans les peler ni les épépiner. Peler
l'ail et le piler.
• Verser le yaourt dans un saladier, incorporer le concombre, l'ail écrasé,
du sel, mélanger puis mettre au frais jusqu'au moment de servir.
• Juste avant de servir, saupoudrer de menthe séchée.

LES
PLATS
DE
LÉGUMES

YAKHNÉ-T-BÉMIÉ
Ragoût de cornes grecques ou gombos

Le mot yakhné, emprunté au turc, désigne une catégorie de plats familiaux traditionnels, composés d'un légume vert ou sec, d'oignons, de divers condiments, d'un peu de viande d'agneau, et accompagnés d'un riz blanc ou d'un riz aux vermicelles. Cette préparation, qui s'apparente au ragoût, peut se décliner en de nombreuses variétés selon les saisons, les goûts, les budgets. Si le principe de base est le même depuis des siècles, il va de soi que la composition a évolué ; à titre d'exemple, on utilise aujourd'hui beaucoup plus de viande qu'à l'époque ottomane. Mais rien n'interdit d'imaginer, pour la yakhné, une version végétarienne.

Préparation : 25 min
Cuisson : 30 min

Pour 6 personnes
400 g d'épaule d'agneau
    désossée et dégraissée
1 kg de petits gombos
    (frais ou surgelés)
20 oignons grelots
3 tomates mûres
2 bouquets de coriandre
1 tête d'ail
1 citron (jus)
50 cl d'eau ou de bouillon
    de volaille
Huile neutre
Sel et poivre

- Couper la viande en dés de 2 cm de côté. Dans un faitout, les saisir dans un peu d'huile, réserver.
- Si les gombos sont frais, peler le pédoncule, il ne faut surtout pas le couper sinon les gombos deviennent gluants. S'ils sont surgelés, les utiliser tels quels.
- Faire revenir les gombos dans un peu d'huile et réserver.
- Peler les oignons grelots et l'ail, ciseler la coriandre. Peler, épépiner et couper les tomates en quartiers.
- Dans le faitout, faire chauffer un peu d'huile, y faire revenir les oignons grelots quelques minutes, ajouter les gombos, l'agneau, les tomates, la coriandre et les gousses d'ail entières. Couvrir d'eau ou de bouillon de volaille, saler et poivrer, porter à ébullition et cuire à couvert 20 min à feu doux.
- Ajouter le jus de citron et servir avec du Riz aux vermicelles (voir p. 77).

VARIANTE

Vous pouvez ajouter en fin de cuisson 1 gousse d'ail pilée avec quelques feuilles de menthe fraîche ciselées.

BON À SAVOIR

Vous trouverez des gombos surgelés dans les épiceries orientales.

YAKHNÉ-T-ARDICHAWKÉ
Ragoût de fonds d'artichauts

Préparation : 10 min
Cuisson : 30 min

Pour 6 personnes
400 g d'épaule d'agneau
   désossée et dégraissée
12 fonds d'artichauts
   (frais ou surgelés)
12 petites pommes
   de terre nouvelles
18 oignons grelots
1/2 citron (jus)
1 cuil. à soupe de farine
50 cl d'eau ou de bouillon
   de volaille
Huile neutre
Sel et poivre noir

- Couper la viande en dés de 3 cm de côté. Dans un faitout, les saisir dans un peu d'huile et réserver.
- Peler les pommes de terre et les faire frire dans un bain de friture pendant 2 à 3 min.
- Peler les oignons grelots.
- Dans le faitout, mettre la viande, les fonds d'artichauts, sans les faire décongeler s'ils sont surgelés, les pommes de terre et les oignons grelots, couvrir d'eau ou de bouillon de volaille, saler et poivrer.
- Porter à ébullition et cuire à couvert 20 min à feu doux.
- Ajouter la farine délayée dans un peu d'eau, mélanger, cuire encore 5 min. Ajouter le jus de citron hors du feu.
- Servir avec du riz (voir Riz aux vermicelles p. 77).

YAKHNÉ-T-BAZELLA
Ragoût de petits pois

Préparation : 30 min
Cuisson : 30 min

Pour 6 personnes
400 g d'épaule d'agneau
    désossée et dégraissée
2 kg de petits pois frais
3 carottes
1 bouquet de coriandre
2 oignons
2 gousses d'ail
2 tomates ou 15 cl
    de jus de tomate
50 cl d'eau ou de bouillon
    de volaille
Huile neutre
Sel et poivre noir

- Couper la viande en dés de 2 cm. Dans un faitout, les saisir dans un peu d'huile. Les retirer et les réserver.
- Écosser les petits pois, peler les carottes et les couper en biseaux, c'est-à-dire en rondelles, mais en biais. Éplucher les oignons et les hacher finement. Peler et piler l'ail et ciseler la coriandre. Peler les tomates, les épépiner et les couper en morceaux.
- Dans le faitout, faire dorer les oignons dans un peu d'huile, ajouter la coriandre et l'ail, puis les carottes et les petits pois, et enfin la viande et les tomates.
- Couvrir d'eau ou de bouillon de volaille, saler, poivrer et porter à ébullition. Cuire 20 min à feu doux.
- Servir avec du riz blanc ou du Riz aux vermicelles (voir p. 77).

YAKHNÉ-T-BATATA
Ragoût de pommes de terre

Préparation : 15 min
Cuisson : 30 min

Pour 6 personnes
400 g d'épaule d'agneau
  désossée
1 kg de pommes de terre
  charlottes
4 grosses tomates
  bien mûres
2 oignons
2 gousses d'ail
2 bouquets de coriandre
20 cl d'eau ou de bouillon
  de volaille
Huile neutre
Sel et poivre noir

- Peler les pommes de terre et les couper en deux ou trois morceaux.
- Couper l'épaule d'agneau en dés de 3 cm. Éplucher et hacher les oignons. Peler l'ail, le dégermer et le piler. Ciseler la coriandre.
- Peler les tomates, les épépiner et les couper en huit.
- Dans un faitout, faire saisir la viande dans un peu d'huile de tous les côtés. La retirer et la réserver.
- Dans le faitout, faire revenir l'oignon et l'ail dans un peu d'huile.
- Ajouter la coriandre puis les pommes de terre.
- Ajouter la viande, les tomates, l'eau ou le bouillon de volaille, saler et poivrer.
- Couvrir et cuire 20 min à feu doux.
- Servir avec du Riz basmati ou du Riz aux vermicelles (voir ci-contre).

YAKHNÉ-T-LOUBIEH
Ragoût de haricots coco verts

Préparation : 15 min
Cuisson : 30 min

Pour 6 personnes
400 g d'épaule d'agneau
   désossée
1 kg de haricots coco,
   plats de préférence
2 oignons
1 bouquet de coriandre
2 tomates ou 15 cl
   de jus de tomate
2 gousses d'ail
4 cuil. à soupe d'huile
   neutre
50 cl d'eau ou de bouillon
   de volaille
Sel et poivre

- Couper l'épaule d'agneau en dés de 3 cm de côté.
- Laver les haricots et les couper en 3 morceaux, en biais.
- Peler les tomates, les épépiner et les couper en huit.
- Éplucher et hacher les oignons.
- Peler et piler l'ail, ciseler la coriandre.
- Dans un faitout, faire revenir la viande pendant 2 min dans 2 cuil. à soupe d'huile, la retirer et la réserver.
- Dans le faitout, faire dorer les oignons dans 2 cuil. à soupe d'huile, ajouter les haricots et les faire revenir 5 min.
- Ajouter la viande, les morceaux de tomate, l'ail, la coriandre, du sel et du poivre, couvrir d'eau ou de bouillon de volaille et laisser mijoter à petit feu et à couvert durant 20 min.
- Servir avec un Riz basmati ou un Riz aux vermicelles (voir ci-dessous).

Riz basmati

Préparation : 5 min
Cuisson : 25 min

Pour 6 personnes
400 g de riz basmati
2 cuil. à soupe d'huile
   neutre, sel

- Rincer longuement le riz jusqu'à ce que l'eau de rinçage devienne totalement transparente. Ne pas le faire tremper.
- Faire revenir le riz dans l'huile en remuant jusqu'à ce qu'il devienne translucide.
- Ajouter 70 cl d'eau. Saler. Couvrir et porter à ébullition.
- Cuire à feu très doux environ 15 min jusqu'à l'absorption de l'eau. Éteindre le feu.
- Laisser couvert pendant 10 min avant de servir.

Riz aux vermicelles

Préparation : 5 min
Cuisson : 20 min

Pour 6 personnes
400 g de riz long
100 g de vermicelles
3 cuil. à soupe d'huile
   neutre, sel

- Faire dorer les vermicelles dans l'huile, ajouter le riz long, le faire revenir. Ajouter 80 cl d'eau.
- Saler, couvrir et porter à ébullition.
- Cuire à feu très doux jusqu'à l'absorption de l'eau.
- Laisser couvert hors du feu pendant 10 min avant de servir.

YAKHNÉ-T-FASSOULIA
Ragoût de haricots blancs

Préparation : 25 min
Cuisson : 50 min

Pour 6 personnes
400 g d'épaule d'agneau
   dégraissée et désossée
600 g de haricots blancs
   cocos frais ou 400 g
   de haricots blancs secs
2 bouquets de coriandre
2 oignons
2 gousses d'ail
15 cl de jus de tomate
2 cuil. à soupe d'huile
50 cl d'eau ou de bouillon
   de volaille
Sel et poivre noir

La veille

• Si vous avez choisi des haricots secs, les faire tremper dans un grand
   volume d'eau froide. S'ils sont frais, ne pas les faire tremper, se contenter de
   les blanchir.

Le jour même

• Égoutter les haricots, les blanchir (les mettre dans l'eau froide et porter
   à ébullition) et les égoutter à nouveau.
• Les cuire 20 min dans de l'eau et les égoutter encore une fois.
• Couper l'épaule d'agneau en dés de 2 cm. Peler et hacher les oignons, ciseler
   la coriandre. Peler et piler l'ail.
• Dans un faitout, faire revenir la viande dans l'huile, ajouter l'oignon haché,
   le faire dorer puis ajouter l'ail et la coriandre, les haricots et le jus de tomate.
• Saler, poivrer, couvrir d'eau ou de bouillon de volaille et porter
   à ébullition.
• Couvrir et cuire à feu doux 20 min.
• Servir avec du riz (voir Riz aux vermicelles p. 77)

FATTÉ AUX AUBERGINES

Fatté *vient du mot* fatt, *déjà mentionné à propos du fattouche, et qui évoque l'action d'émietter. Il désigne divers plats à base de yaourt, et dans la composition desquels entre du pain émietté. Sans doute y avait-il, à l'origine de ces recettes, une volonté d'utiliser les restes du pain, qui n'était plus bon à consommer tel quel, et qu'on ne pouvait pas jeter. On en faisait alors l'ingrédient d'une salade, d'un plat, d'un dessert. De nos jours, on fait plutôt frire ou griller le pain. Nous présentons ici quatre recettes de fatté. Deux « classiques », l'une aux pois chiches, l'autre aux aubergines ; une « oubliée », aux légumes, que Karim tient de sa grand-mère ; et une moderne, aux asperges, qu'il a lui-même inventée. Traditionnellement, le pain était disposé au fond de l'assiette, l'inconvénient est qu'il se ramollit et perd son croustillant ; il est donc préférable de le placer au-dessus avec les pignons de pin. Si, par ailleurs, on préfère éviter les fritures, il est possible de griller le pain au four à 150 °C (th. 5) pendant environ 20 min. Quant au yaourt, il peut être servi chaud ou froid selon les recettes ou les saisons.*

Préparation : 20 min
Repos : 1 nuit
Cuisson : 15 min

Pour 6 personnes
12 mini-aubergines
   ou 3 grandes
300 g de viande hachée
   d'agneau
2 tomates
1 oignon
6 feuilles de basilic
4 gousses d'ail
2 petits pains libanais
50 g de pignons de pin
   (voir p. 163)
50 cl de yaourt
2 cuil à soupe de vinaigre
   de vin rouge
2 cuil. à soupe de téhiné
   (crème de sésame,
   voir p. 167)
Huile neutre
Sel et poivre

La veille

• Peler les aubergines. Si elles sont grandes, les couper en deux dans le sens de la longueur, puis chaque moitié en quatre.
• Les saler et les mettre dans une passoire au frais.

Le jour même

• Faire frire les aubergines dans de l'huile, les éponger et les réserver au chaud.
• Peler les gousses d'ail et l'oignon. Hacher 2 gousses d'ail dégermées, l'oignon, les tomates et le basilic et faire revenir le tout dans une poêle avec un peu d'huile.
• Ajouter la viande et faire cuire à feu vif et à découvert pendant 5 min. Saler et poivrer.
• Assaisonner le yaourt avec 2 gousses d'ail écrasées, le vinaigre, la *téhiné* et du sel.
• Couper le pain en petits carrés, les faire frire (ou les faire dorer au four) et les réserver.
• Dans un plat creux, disposer les aubergines, la viande, le yaourt, et parsemer de carrés de pain frits et de pignons dorés à sec.

VARIANTE

Vous pouvez préférer des saveurs plus fondues, pour cela, vous devez cuire les aubergines une seconde fois à couvert, avec la préparation de viande hachée et un peu d'eau, pendant 10 min à feu doux.

Fatté-t-halioun, aux asperges

Préparation : 20 min
Cuisson : 30 min

Pour 6 personnes
4 bottes d'asperges vertes
4 gousses d'ail
50 cl de yaourt
2 petits pains libanais
   (voir p. 161)
1 cuil. à café de fécule
   de maïs (Maïzena)
50 g de pignons de pin
   (voir p. 163)
3 cuil. à soupe d'huile
   neutre
Sel et poivre

- Peler les asperges, puis les plonger dans de l'eau froide, dans une casserole. Faire chauffer et dès l'ébullition, retirer les asperges. Les couper en gardant deux tiers d'asperge avec la tête. Réserver.
- Cuire les queues d'asperges dans de l'eau bouillante salée pendant 10 min. Les mixer avec un peu d'eau de cuisson.
- Ajouter au yaourt la fécule de maïs, mettre dans une casserole à fond épais et porter à ébullition.
- Incorporer les asperges mixées et porter à ébullition. Réserver.
- Peler l'ail, le dégermer et le hacher finement. Le faire sauter rapidement avec les têtes d'asperges dans 2 cuil. à soupe d'huile. Saler et poivrer.
- Couper le pain en petits carrés ou en lanières, les faire frire (ou les faire dorer au four) et les réserver.
- Faire dorer les pignons de pin dans 1 cuil. à soupe d'huile.
- Dans un plat creux, disposer les têtes d'asperges en éventail, le yaourt chaud, le pain et les pignons de pin. Servir.

Fatté-t-hommos, aux pois chiches

Préparation : 15 min
Trempage : 1 nuit
Cuisson : 45 min

Pour 6 personnes
300 g de pois chiches
2 petits pains libanais
   (voir p. 161)
50 g de pignons de pin
   (voir p. 163)
50 cl de yaourt
1 cuil. à soupe de vinaigre
   de vin rouge
1 gousse d'ail
2 cuil. à soupe de téhiné
   (crème de sésame,
   voir p. 176)
Quelques brins de persil
   plat (facultatif)
Huile neutre, sel

La veille

- Faire tremper les pois chiches dans 2 litres d'eau.

Le jour même

- Rincer les pois chiches à l'eau et les cuire dans 2 litres d'eau à feu doux durant 45 min dans un faitout.
- Saler et garder au chaud.
- Faire dorer les pignons de pin dans un peu d'huile.
- Couper le pain en petits carrés, les faire frire (ou les faire dorer au four) et réserver.
- Peler l'ail, le dégermer et le piler. Le mélanger au yaourt, ainsi que le vinaigre, la *téhiné* et du sel.
- Dans chaque assiette creuse, disposer une louche de pois chiches avec un peu d'eau de cuisson, recouvrir de 3 cuil. à soupe de yaourt, parsemer de carrés de pain frits et de pignons dorés et éventuellement de persil plat ciselé. Servir.

Fatté-t-khodra, aux légumes

Préparation : 30 min
Cuisson : 25 à 30 min

Pour 6 personnes

2 oignons

4 gousses d'ail

3 courgettes

3 carottes

2 branches de céleri

4 pommes de terre
(charlottes
de préférence)

3 tomates

100 g de petits pois écossés
ou 100 g de haricots verts

50 cl de yaourt

2 cuil à soupe de vinaigre
de vin rouge

2 cuil. à soupe de téhiné
(crème de sésame,
voir p. 167)

2 petits pains libanais
(voir p. 161)

50 g de pignons de pin
(voir p. 163)

Huile neutre

Sel et poivre

- Éplucher les oignons et les hacher.
- Peler les gousses d'ail, les dégermer. Piler 2 gousses d'ail et réserver les 2 autres.
- Peler les branches de céleri et les couper finement.
- Éplucher les carottes et les couper en biseaux, c'est-à-dire en rondelles mais en biais.
- Couper les courgettes en demi-lunes.
- Peler les tomates, les épépiner et les couper en huit.
- Peler les pommes de terre et les couper en petits dés.
- Dans un faitout, faire blondir les oignons et l'ail pilé dans 2 cuil. à soupe d'huile.
- Ajouter le céleri, puis les carottes, 1 min plus tard les courgettes, les petits pois ou les haricots verts, faire revenir 2 min.
- Ajouter les tomates, mouiller d'eau à deux tiers de hauteur, saler, poivrer. Couvrir, porter à ébullition.
- Ajouter les pommes de terre et cuire à feu doux 10 à 15 min, à couvert.
- Couper le pain en petits carrés, les faire frire (ou les faire dorer au four) et réserver.
- Faire dorer les pignons de pin dans un peu d'huile.
- Assaisonner le yaourt avec les 2 gousses d'ail restantes pilées, le vinaigre, la *téhiné* et du sel.
- Dans un plat creux, disposer les légumes et verser un peu d'eau de cuisson. Ajouter le yaourt, et parsemer de pain frit ou grillé et de pignons de pin. Servir.

AUBERGINES AU YAOURT DE BREBIS

Préparation : 10 min
Cuisson : 35 min
Repos : 1 nuit

Pour 6 personnes
4 aubergines
1 kg de yaourt de brebis
300 g de viande hachée
  d'agneau
50 g de pignons de pin
  (voir p. 163)
2 cuil. à soupe de fécule
  de maïs (Maïzena)
Huile neutre
Sel et poivre noir moulu

La veille

• Peler les aubergines et les couper en deux dans le sens de la largeur, puis chaque moitié en quatre. Saler généreusement et réserver dans une passoire au frais jusqu'au lendemain.

Le jour même

• Cuire les aubergines 4 min dans un bain de friture puis les poser sur du papier absorbant.
• Mettre les aubergines dans une casserole et les recouvrir d'eau à niveau. Poser une assiette retournée dessus pour les presser et couvrir. Cuire 15 min à feu doux.
• Égoutter les aubergines en conservant l'eau de cuisson.
• Dans une casserole à fond épais, mélanger le yaourt et la fécule. Porter à ébullition en fouettant régulièrement.
• Ajouter le jus de cuisson des aubergines. Laisser cuire quelques instants et verser sur les aubergines disposées dans un plat. Laisser refroidir.
• Faire dorer les pignons dans un peu d'huile, ajouter la viande hachée, saler et poivrer.
• Cuire 10 min à feu doux.
• Servir la viande bien chaude et l'aubergine à température ambiante avec du Riz basmati (voir p. 77).

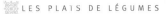
KOUSSA BEL-LABAN

Courgettes farcies à l'agneau et au yaourt

Préparation : 40 min
Cuisson : 30 min

Pour 6 personnes
300 g de viande hachée
    d'agneau
18 petites courgettes
150 g de riz rond
10 cl d'huile neutre
Sel et poivre noir

Pour la sauce au yaourt
1 kg de yaourt
2 cuil. à soupe de fécule
    de maïs (Maïzena)
1 cuil. à soupe de menthe
    séchée
2 gousses d'ail

- Couper les extrémités des courgettes, puis les évider avec un couteau économe et réserver.
- Rincer le riz, le mélanger à la viande. Saler, poivrer.
- En farcir les courgettes, les placer dans une casserole, bien serrées, cuire à couvert et à feu doux 15 min dans de l'eau salée à hauteur.
- Préparer la sauce, mélanger le yaourt et la fécule dans une casserole à fond épais. Porter à ébullition en fouettant régulièrement.
- Peler l'ail, le dégermer et le piler. L'ajouter à la sauce, ainsi que la menthe séchée.
- Disposer les courgettes dans une grande casserole avec la sauce, et suivant votre goût un peu d'eau de cuisson des courgettes.
- Cuire à feu doux encore 10 min.
- Servir chaud décoré de feuilles de menthe fraîche.

BON À SAVOIR

Au Liban, les courgettes sont petites et de couleur vert clair. On les trouve dans les épiceries orientales et parfois sur les marchés. À défaut, vous pouvez les remplacer par des courgettes rondes. Prévoyez alors 5 à 10 min de cuisson supplémentaires.

ABLAMA
Assortiment de légumes farcis

Préparation : 45 min
Cuisson : 25 min

Pour 6 personnes
6 courgettes rondes
6 pommes de terre
   moyennes
10 tomates moyennes
500 g de viande hachée
   d'agneau
50 g de pignons de pin
   (voir p. 163)
4 oignons
1 citron (jus)
50 cl de bouillon
   de volaille
Huile neutre
Sel et poivre noir

Pour accompagner
5 yaourts bulgares

- Couper un chapeau aux courgettes, à 6 tomates et aux pommes de terre pelées (au 1/3 supérieur) et les évider.
- Réserver le contenu des tomates.
- Faire frire les pommes de terre et les courgettes 3 min. Réserver.
- Hacher les oignons.
- Faire dorer les pignons de pin dans un peu d'huile ; ajouter la moitié des oignons et faire revenir pendant 3 min. Ajouter la viande hachée, saler, poivrer et cuire encore 2 min.
- Farcir les légumes de ce mélange et refermer avec les chapeaux.
- Faire revenir le restant d'oignons dans une casserole avec un peu d'huile ; disposer par-dessus les légumes farcis.
- Peler les tomates restantes, les couper en huit et les mélanger à la pulpe des tomates, ainsi qu'au jus de citron. Verser sur les légumes, dans la casserole. Ajouter le bouillon à hauteur si besoin pour recouvrir les légumes et cuire 20 min à feu doux et à couvert.
- Servir avec du Riz basmati ou du Riz aux vermicelles (voir p. 77).
- Mélanger les yaourts, ajouter 1 pincée de sel et servir à part.

VARIANTE

Vous pouvez ajouter d'autres légumes : poivrons rouges ou aubergines, en les préparant comme les courgettes.

FEUILLES DE CHOU FARCIES

Préparation : 45 min
Cuisson : 30 min

Pour 6 personnes
1 chou libanais
500 g de viande hachée
 d'agneau
150 g de riz rond
2 têtes d'ail
1 bouquet de menthe
 ou 15 g de menthe
 séchée
20 cl de jus de citron
50 cl d'eau ou de bouillon
 de volaille
Sel et poivre noir

- Plonger le chou 3 min dans de l'eau bouillante. Séparer les feuilles, puis retirer les tiges.
- Rincer le riz.
- Mélanger le riz avec la viande, du sel et du poivre.
- Étaler sur un plan de travail les feuilles de chou. Déposer dessus un peu de farce (riz et viande) et les rouler en les pressant bien.
- Placer dans le fond d'une casserole le quart des tiges de chou coupées et les gousses d'ail entières non pelées (en réserver 2 gousses).
- Placer par-dessus les feuilles de chou farcies en les serrant.
- Couvrir d'eau, ou de bouillon de volaille. Cuire 20 min à couvert et à feu doux.
- Piler les gousses d'ail restantes avec la menthe. Ajouter dans la casserole ainsi que le jus de citron. Donner encore quelques bouillons et servir.

BON À SAVOIR

Vous pouvez remplacer le chou libanais par du chou vert.

CHEIKH-ELMEHCHI
Aubergines farcies

Préparation : 45 min
Cuisson : 45 min

Pour 6 personnes
6 petites aubergines
500 g de viande hachée
 d'agneau
2 oignons
50 g de pignons de pin
 (voir p. 163)
Huile neutre
Sel et poivre noir

Pour la sauce
1 oignon
2 gousses d'ail
1 branche de céleri
5 tomates bien mûres
Huile d'olive
Sel et poivre noir

Les aubergines

- Éplucher les oignons et les hacher.
- Faire revenir les pignons de pin dans 2 cuil. à soupe d'huile, ajouter les oignons hachés, faire revenir quelques minutes et ajouter la viande hachée.
- Saler, poivrer et laisser cuire 5 min.
- Peler partiellement les aubergines (1 bande de peau sur 2).
- Dans une poêle, faire revenir pendant quelques minutes les aubergines avec de l'huile pour les attendrir.
- Évider les aubergines et les farcir avec le mélange de viande, d'oignons et de pignons.

La sauce

- Peler les tomates puis les couper en morceaux. Peler l'ail et les oignons.
- Hacher l'oignon, piler l'ail dégermé, hacher finement le céleri.
- Faire revenir le tout dans de l'huile d'olive et ajouter les tomates. Saler et poivrer, cuire 10 min à couvert et à feu doux.
- Poser les aubergines farcies dans une casserole, les recouvrir de sauce et laisser cuire 20 min à feu doux et à couvert.
- Servir avec du riz (voir Riz basmati p. 77).

COURGETTES ET FEUILLES DE VIGNE FARCIES

Préparation : 1h15 min
Cuisson : 30 min

Pour 6 personnes

50 feuilles de vigne
   fraîches ou en bocaux
12 petites courgettes
1 épigramme d'agneau
   (plat de côte)
400 g de viande hachée
   d'agneau
120 g de riz rond
20 cl de jus de citron
50 cl d'eau ou de bouillon
   de volaille
Sel et poivre noir

- Évider les courgettes et laver les feuilles de vigne ou les égoutter si elles sont en bocaux.
- Rincer le riz, le mélanger avec la viande hachée, du sel et du poivre.
- Farcir les courgettes et les feuilles de vigne de ce mélange (voir pas à pas ci-dessous).
- Couper l'épigramme en 6 morceaux.
- Dans une poêle, saisir les morceaux d'épigramme à sec sur toutes les faces. Les mettre au fond d'une casserole.
- Poser les courgettes et les feuilles de vigne dessus.
- Couvrir d'eau ou de bouillon de volaille et de jus de citron.
- Recouvrir d'une assiette retournée pour presser, couvrir et laisser cuire 20 min à feu doux (plus si les feuilles de vigne étaient en bocaux).
- Démouler sur un plat et servir accompagné d'un bol de yaourt nature.

BON À SAVOIR

Vous trouverez des feuilles de vigne dans les épiceries orientales.

LES PLATS DE VIANDE ET DE VOLAILLE

LES KAFTAS

La kafta est une préparation à base de viande hachée, de persil et d'oignon. Contrairement au kebbé, elle ne contient pas de bourghol. Pour ces recettes, la pièce qui convient le mieux est l'épaule d'agneau.

KAFTA AU FOUR

Préparation : 30 min
Cuisson : 35 min

Pour 6 personnes
Pour la kafta
900 g de viande hachée
   d'agneau
1 bouquet de persil plat
2 petits oignons
Sel et poivre

Pour la sauce
3 oignons
1 poivron rouge
20 cl de jus de tomate
1 cuil. à soupe
   de debs remmane (jus
   de grenade, voir p. 166)
1 cuil. à soupe d'huile
   d'olive
Sel et poivre

Pour le plat
3 grosses pommes
   de terre (bintje)
3 grosses tomates mûres
Huile neutre

La kafta

- Éplucher les oignons. Hacher finement le persil et les oignons.
- Malaxer la viande avec le persil, les oignons hachés, du sel et du poivre et réserver au frais.

La sauce

- Émincer finement le poivron rouge.
- Peler et hacher finement les oignons.
- Dans une poêle, faire revenir à feu doux dans l'huile d'olive les oignons et le poivron, jusqu'à ce que l'oignon devienne translucide, ajouter le jus de tomate, le *debs remmane* et 20 cl d'eau, saler et poivrer.
- Porter à ébullition, puis réserver.

Le plat

- Peler les pommes de terre, les couper en rondelles de 5 mm d'épaisseur et les plonger 2 min dans un bain de friture. Éponger et réserver.
- Couper les tomates en rondelles de même épaisseur.
- Préchauffer le four à 210 °C (th. 7).
- Diviser la *kafta* en 12 boules, les aplatir, et les disposer dans un plat allant au four légèrement huilé.
- Enfourner et cuire durant 5 min.
- Sortir le plat du four, couvrir la viande d'une couche de pommes de terre, puis des rondelles de tomates.
- Recouvrir de sauce et enfourner de nouveau pour 15 min de cuisson.
- Servir chaud.

KAFTA NAYYÉ
Tartare de kafta

Préparation : 10 min

Pour 6 personnes
900 g de viande hachée
    d'agneau ou
    de rumsteck (choisir la
    viande la moins grasse
    possible)
1 bouquet de persil plat
2 oignons ou 6 petits
    oignons nouveaux
1 filet d'huile d'olive
Sel et poivre noir

- Éplucher les oignons. Hacher finement le persil et les oignons.
- Malaxer la viande avec du sel, du poivre, le persil et les oignons pendant quelques minutes.
- La disposer dans un plat, arroser d'un filet d'huile d'olive et servir.

VARIANTE

Vous pouvez également ajouter 1 cuil. à café de mélange 7-épices (voir p. 165), 1 pincée de piment, et aussi du poivron rouge haché.

LA TOUCHE AUDACIEUSE DE KARIM

Kafta de poisson. Vous pouvez remplacer la viande par du poisson cru. Mélangez 500 g de filets de daurade royale hachés au couteau, 1 bouquet de ciboulette hachée finement, 1/2 bouquet d'aneth hachée, du sel et du poivre. Servez avec 1 filet d'huile d'olive.

KAFTA GRILLÉE

Préparation : 15 min
Cuisson : 8 min

Pour 6 personnes
900 g d'épaule d'agneau
    hachée
1 bouquet de persil plat
2 petits oignons
2 cuil. à soupe d'huile
    neutre
Sel et poivre noir

- Éplucher les oignons. Hacher finement le persil et les oignons.
- Malaxer la viande avec le persil, les oignons, du sel et du poivre.
- Façonner la viande en forme de saucisses, les enfiler sur des piques à brochettes, les huiler.
- Faire griller sur un barbecue ou sous le gril du four en prenant soin de les retourner à mi-cuisson (au bout d'environ 4 min).
- Déguster avec du *Hommos*, du *Fattouche* ou un Tabboulé (voir pp. 30, 15 et 16).

VARIANTE

Vous pouvez incorporer des pignons de pin à la viande (voir p. 163).

KAFTA EN BOULES FRITES

Préparation : 15 min
Cuisson : 5 min

Pour 6 personnes
900 g de viande hachée
   d'agneau
4 œufs
1 bouquet de persil plat
2 petits oignons
Huile pour friture
Sel et poivre noir

- Éplucher les oignons. Hacher finement le persil et les oignons.
- Malaxer la viande avec du sel, du poivre, les œufs, le persil et les oignons hachés.
- Façonner une douzaine de boules aplaties.
- Faire chauffer l'huile dans une sauteuse et y faire frire les boules 2 min.
- Servir chaud en *mezzé* ou accompagné de frites.

LES GRILLADES

CAILLES AU SUMAC

Préparation : 5 min
Cuisson : 10 min

Pour 6 personnes
6 cailles
Huile d'olive
2 cuil. à soupe de sumac
  (voir p. 162)
1 cuil. à soupe de
  pistaches décortiquées
  non salées
Sel et poivre noir

- Couper les cailles en deux dans le sens de la longueur.
- Les enduire d'huile d'olive, de sel, de poivre et de 1 cuil. à soupe de *sumac*.
- Broyer les pistaches.
- Les faire cuire sur un gril — barbecue ou intérieur — en les retournant à mi-cuisson.
- Au moment de servir, saupoudrer généreusement de *sumac* et de pistaches broyées.

CÔTELETTES D'AGNEAU AUX 7 ÉPICES

Préparation : 5 min
Cuisson : 10 min

Pour 6 personnes
12 côtelettes d'agneau
  découvertes
Huile d'olive
Mélange 7-épices,
  (voir p. 165)
Sel

- Enduire les côtelettes d'huile d'olive et d'épices.
- Les faire griller dans une poêle en les retournant à mi-cuisson.
- Saler et servir.

BON À SAVOIR

Les côtelettes découvertes sont plus savoureuses en grillade car elles ne sèchent pas à la cuisson. Les côtelettes premières doivent être utilisées en carré au four. Vous pouvez accompagner cette grillade d'une *Moujaddara* de lentilles corail (voir p. 35) et de Tomates au cumin (voir p. 18).

CHICHE TAOUK

Brochettes de poulet mariné aux 7 épices

Cette recette est d'origine ottomane. En turc, chiche *signifie brochette, et* taouk *signifie poulet. Pour rendre cette préparation goûteuse, il faut cuire le poulet le moins de temps possible, sinon la volaille se dessèche ; il faut également éviter de mettre du sel dans la marinade.*

Préparation : 10 min
Marinade : 24 h
Cuisson : 12 min

Pour 6 personnes
900 g de blancs de poulet
4 gousses d'ail
10 cl d'huile d'olive
1 cuil. à café de mélange
  7-épices (voir p. 165)
Sel et poivre noir

La veille

• Couper les blancs de poulet en morceaux de 3 cm. Peler l'ail, le dégermer et le piler.
• Faire mariner le poulet pendant 24 h dans un saladier avec l'ail, l'huile d'olive, du poivre, le mélange 7-épices ; mais sans sel, dont la présence risque de dessécher le poulet.

Le jour même

• Enfiler les morceaux de poulet sur des brochettes et les faire griller sur un barbecue ou un gril d'intérieur. Saler.
• Servir avec de la crème d'ail (voir ci-dessous).

VARIANTES

• N'utilisez pas de brochettes. Mettez les morceaux de poulet dans un plat allant au four et faites cuire 15 min à 180 °C (th. 6).
• Faites mariner des morceaux de poulet avec os et peau. Cuisez-les sur un barbecue. La peau empêchera le dessèchement. Sinon, utilisez un coquelet entier, désossé ou non.
• La marinade du *chiche taouk* est souvent plus chargée que celle que nous avons présentée. Si vous le souhaitez, vous pouvez ajouter du jus de citron, qui empêche la coloration de la grillade ; du vinaigre de vin rouge, qui est supposé attendrir la chair ; du piment ; 1 feuille de laurier pilée ; ou même 1 cuil. à soupe de purée de tomates. Le *Hommos* (voir p. 30) accompagne parfaitement ce plat.

Toum bzeit ou crème d'ail à l'huile

Préparation : 15 min

Pour 6 personnes
1 tête d'ail
15 cl d'huile neutre

• Éplucher l'ail. Le mettre dans un robot ; le réduire en purée fine.
• Ajouter l'huile, préalablement refroidie en la laissant 2 h au frais, en un mince filet, pour faire monter comme une mayonnaise.

BON À SAVOIR

• Pour faciliter la réalisation de cette crème, ajoutez 1 pomme de terre cuite à l'eau ou 1 blanc d'œuf non battu.
• Vous pouvez ébouillanter l'ail pour atténuer son piquant.

FARROUJ MÉCHOUI
Poulet grillé à l'ail

Préparation : 15 min
Repos au frais : 12 h
Cuisson : 15 min

Pour 4 personnes
2 coquelets désossés
2 gousses d'ail
1/2 citron (jus)
10 cl d'huile d'olive
Mélange 7-épices
  (voir p. 165)
Sel et poivre

La veille

- Peler l'ail et le piler. Mélanger l'ail, du sel, du poivre, le jus de citron, l'huile et verser le mélange obtenu sur les coquelets.
- Couvrir et mettre au frais pendant 12 h.
- Retourner les morceaux de poulet au bout de 6 h.

Le jour même

- Mettre le four sur la fonction gril et préchauffer pendant 10 min.
- Retirer les poulets de la marinade et les disposer dans un plat allant au four.
- Cuire pendant 15 min, en retournant à mi-cuisson et en terminant la cuisson la peau au-dessus. Pour obtenir l'effet d'une grillade, laisser le four entrouvert.
- Servir accompagné d'une Crème d'ail à l'huile (voir ci-contre).

GIGOT D'AGNEAU AU RIZ ET AUX FÈVES

Préparation : 30 min
Cuisson : 1 h 50

Pour 6 personnes

1 gigot d'agneau
   ou encore mieux
   une selle d'agneau
   de lait
500 g de cosses de fèves
   fraîches tendres
1 oignon
300 g de riz basmati
50 g de pignons de pin
   (voir p. 163)
50 g d'amandes mondées
   entières
50 g de pistaches entières
   décortiquées non salées
Huile neutre
1 cuil. à café de mélange
   7-épices (voir p. 165)
Sel et poivre noir

- Éplucher l'oignon et le couper en deux.
- Dans un grand faitout, faire chauffer de l'huile, y saisir le gigot sur toutes les faces. Le couvrir d'eau. Saler et poivrer, ajouter l'oignon et cuire à feu doux et à couvert pendant 1 h 30. Réserver.
- Couper les cosses des fèves en biseaux de 3 cm de long. Les cuire 20 min à l'eau salée à couvert, pour éviter qu'elles noircissent. Ôter le couvercle dès la fin de cuisson.
- Dans une sauteuse, faire revenir le riz dans 2 cuil. à soupe d'huile jusqu'à ce qu'il devienne translucide.
- Ajouter 25 cl d'eau de cuisson des cosses de fèves et 25 cl d'eau de cuisson du gigot.
- Ajouter le mélange 7-épices. Porter à ébullition, couvrir et cuire à feu très doux pendant 7 min.
- Ajouter les cosses de fèves égouttées, couvrir à nouveau et cuire encore 4 min.
- Dans une casserole, porter à ébullition dans 2 verres d'eau les amandes et les pistaches durant quelques minutes ; les passer ensuite sous l'eau froide et enlever les peaux. Couper les amandes en deux dans le sens de la longueur.
- Faire dorer successivement dans l'huile les pignons de pin, les pistaches et les amandes. Réserver sur du papier absorbant.
- Mélanger le riz et les cosses de fèves dans un plat de service, poser par-dessus le gigot bien fondant et parsemer de pignons de pin, d'amandes et de pistaches. Servir.

Agneau et riz aux 5 épices

Préparation : 30 min
Cuisson : 2 h 40

Pour 6 personnes

1 épaule d'agneau
300 g de riz basmati
1 carotte
3 oignons
10 cl de jus de tomate
1 cuil. à soupe de poivre
　noir en grains
1 cuil. à soupe de capsules
　de cardamome verte
1 cuil. à soupe de cannelle
　en poudre
1 cuil. à soupe de clous
　de girofle
1 cuil. à soupe de cumin
　en poudre
30 g de raisins secs
30 g de pignons de pin
　(voir p. 163)
30 g d'amandes entières
30 g de pistaches
　décortiquées non
　salées
Huile neutre
Sel

- Demander au boucher de dégraisser l'épaule d'agneau et de la couper en 15 morceaux comprenant chacun viande et os.
- Peler les oignons et les couper en quartiers. Peler la carotte et la tailler en fine julienne (petits bâtonnets).
- Verser 2 cuil. à soupe d'huile dans une poêle et y faire revenir l'oignon à feu vif, jusqu'à ce qu'il soit doré. Réserver. Faire suer la carotte dans la même huile et réserver.
- Dans un faitout, faire saisir les morceaux d'agneau à feu vif de tous les côtés. Ajouter l'oignon, le jus de tomate, couvrir d'eau 2 cm au-dessus de la viande, saler. Mettre les épices dans une gaze ou une étamine, les ajouter dans le faitout puis couvrir. Porter à ébullition, baisser le feu et laisser cuire 2 h à feu très doux.
- Dans une casserole, porter à ébullition dans 2 verres d'eau les amandes et les pistaches, durant quelques minutes, les passer ensuite sous l'eau froide et enlever les peaux. Couper les amandes en 2 dans le sens de la longueur.
- Faire dorer successivement dans l'huile les pignons, les pistaches et les amandes, puis les raisins secs. Réserver sur du papier absorbant.
- Lorsque l'agneau est cuit, le retirer du bouillon et passer la préparation. Réserver 50 cl pour la cuisson du riz. Couvrir la viande avec le reste de jus de cuisson.
- Rincer le riz, l'égoutter.
- Faire chauffer l'huile, ajouter le riz et les bâtonnets de carotte et remuer avec une spatule en bois jusqu'à ce que le riz devienne translucide. Cette opération prend environ 3 min.
- Ajouter le jus de cuisson réservé. Porter à ébullition, couvrir et laisser cuire 10 min à feu doux. Retirer du feu et garder couvert.
- Servir le riz et la viande sans jus, parsemés de pignons de pins, de pistaches, d'amandes et de raisins secs.

BON À SAVOIR

Vous pouvez remplacer l'épaule par 3 souris d'agneau.

FRIKÉ-T-TYOUR AUX TROIS OISEAUX

Préparation : 25 min
Cuisson : 1 h 40

Pour 6 personnes

3 cailles

3 pigeons

3 perdreaux

1 poireau

1 carotte

1 oignon

300 g de friké (voir p. 168)

2 cuil. à soupe d'huile
  neutre

Sel et poivre noir

- Préchauffer le four à 180 °C (th. 6).
- Demander à votre boucher de désosser 1 caille, 1 pigeon et 1 perdreau. Garder les parures (peau, graisse, nerfs, os…).
- Faire bouillir les os et les parures 30 min dans 1 litre d'eau. Passer dans une passoire en pressant bien les os. Réserver le bouillon obtenu.
- Couper la chair crue en petits dés. Éplucher l'oignon, le poireau et la carotte, les couper en brunoise (petits dés), les faire revenir dans l'huile ainsi que les petits dés de chair, ajouter la *friké* non rincée et 90 cl de bouillon.
- Saler, poivrer, couvrir, porter à ébullition et cuire à feu très doux pendant 1 h.
- Faire rôtir les perdrix et les pigeons restants dans un plat allant au four, légèrement huilé, pendant 10 min. Puis ajouter les cailles et laisser cuire 25 min. Saler, poivrer et servir avec la *friké* en garniture.

VARIANTES

En saison, vous pouvez ajouter quelques figues fraîches : 3 figues coupées finement avec les légumes et 3 autres coupées en deux posées sur la *friké*, 10 min avant la fin de la cuisson.

BOURGHOL BEDFINE

Préparation : 20 min
Trempage : 1 nuit
Cuisson : 2 h

Pour 6 personnes

3 souris d'agneau

400 g de bourghol gros
  (voir p. 160)

24 petits oignons grelots

50 g de pois chiches

1 bâton de cannelle

1 cuil. à soupe de carvi

5 yaourts bulgares

Huile neutre

Poivre doux

Sel

La veille

- Mettre à tremper les pois chiches dans un grand volume d'eau.

Le jour même

- Éplucher les oignons. Égoutter les pois chiches.
- Faire revenir les oignons dans une sauteuse avec un peu d'huile, ajouter la viande puis les pois chiches.
- Couvrir de 2 litres d'eau, porter à ébullition et écumer plusieurs fois le bouillon.
- Ajouter la cannelle, du sel et du poivre puis couvrir et laisser mijoter à feu doux pendant 1 h 30.
- Prélever 50 cl de bouillon, le verser dans une cocotte, ajouter le bourghol, les souris d'agneau, les pois chiches, les oignons grelots, le carvi et cuire à feu doux pendant 30 min.
- Servir accompagné de yaourt ou de sauce prélevée du bouillon et bien assaisonnée.

ROYALE MOULOUKHIÉ

La royale mouloukhié *est un plat d'origine égyptienne dont le nom semble indiquer qu'il fut jadis apprécié sur les tables royales. Le mot désigne également une plante verte que la cuisine du Liban utilise exclusivement pour ce plat. Appelée parfois corète ou corette, elle appartient à la famille des corchorus, dont fait partie le jute. Elle possède une longue tige couverte de feuilles qui ressemblent un peu à celles des épinards, mais qui sont plus rugueuses. La* mouloukhié *se consomme traditionnellement en été, saison où pousse la plante. Pourtant, ce plat chaud et riche serait plus approprié pour l'hiver. Heureusement, on trouve aujourd'hui les feuilles surgelées, lavées, déjà coupées, prêtes à l'usage en toute saison.*

Préparation : 30 min
Cuisson : 60 min

Pour 6 personnes
500 g de mouloukhié
1 poulet fermier
300 g de riz basmati (voir
   recette p. 77)
2 bouquets de coriandre
3 gousses d'ail
1 oignon
3 échalotes
2 pains libanais
   (voir p. 161)
15 cl de vinaigre
   de vin rouge
1 pincée de bicarbonate
   de soude
2 citrons (jus)
Huile

- Laver, sécher et couper les feuilles de *mouloukhié* en très fines lanières.
- Dans une cocotte, faire dorer le poulet sur toutes ses faces, saler, ajouter l'oignon entier, couvrir d'eau puis cuire durant 50 min à feu moyen et à découvert.
- Hacher la coriandre.
- Peler l'ail, le dégermer et le piler.
- Dans une poêle, faire revenir dans de l'huile l'ail et la coriandre pendant 3 min.
- Couper le pain en carrés de 2 cm de côté et le faire dorer 1 min sous le gril du four en le surveillant en permanence.
- Éplucher et hacher les échalotes, les mettre dans un bol avec le vinaigre.
- Retirer le poulet du bouillon, enlever la peau et les os. Réserver au chaud.
- Mettre l'ail et la coriandre dans le bouillon, ajouter le bicarbonate de soude pour garder une belle couleur verte à la *mouloukhié*, le jus de citron puis la *mouloukhié*. Au premier bouillon, retirer du feu.
- Pour servir, mettre dans chaque assiette creuse, successivement du riz, du poulet, une grande louche de *mouloukhié*, et enfin les échalotes au vinaigre et le pain grillé.

VARIANTES

- La recette de la *mouloukhié* varie selon les familles. Vous pouvez la servir avec de l'agneau et même du lapin, et ajouter plus d'oignons dans le bouillon, et même des tomates.
- Le vinaigre dans lequel baignent les échalotes hachées peut être remplacé par du jus de citron.
- Faute de *mouloukhié*, vous pouvez utiliser des épinards frais.

POULET ET RIZ AUX 7 ÉPICES

Préparation : 20 à 30 min
Cuisson : 1 h 15

Pour 6 personnes
1 poulet fermier
300 g de riz basmati
1 oignon
1 cuil. à soupe de mélange
   7-épices (voir p. 165)
1 cuil. à café de poivre noir
   en grains
30 g de pignons de pin
   (voir p. 163)
30 g d'amandes entières
   mondées
30 g de pistaches
   décortiquées non
   salées
Huile
Sel

Au choix
500 g de petits pois dans
   leur cosse
   ou
200 g de viande hachée
   d'agneau + 1 oignon

- Éplucher l'oignon et le couper en quartiers.
- Faire revenir le poulet de tous les côtés dans de l'huile. Ajouter l'oignon et le poivre noir. Couvrir d'eau, saler, porter à ébullition. Écumer. Cuire à feu doux 45 min.
- Retirer le poulet du bouillon. Laisser refroidir, passer le bouillon et réserver.
- Faire dorer successivement dans de l'huile les pignons de pin, les pistaches et les amandes. Réserver sur du papier absorbant.
- Retirer la peau du poulet, le désosser, couper la chair en morceaux, la remettre dans une casserole et couvrir de bouillon.
- Rincer le riz et l'égoutter.

1re version

- Écosser les petits pois.
- Dans une sauteuse, faire revenir le riz dans un peu d'huile (utiliser l'huile de friture des pignons) jusqu'à ce qu'il soit translucide. Ajouter les petits pois.
- Verser par-dessus 60 cl de bouillon et la moitié du mélange 7-épices. Porter à ébullition. Cuire 10 min à feu très doux. Retirer du feu et garder couvert.

2e version

- Éplucher l'oignon et l'émincer. Le faire revenir quelques minutes dans un peu d'huile. Ajouter la viande hachée et laisser cuire encore 2 min.
- Dans une sauteuse, faire revenir le riz dans un peu d'huile jusqu'à ce qu'il soit translucide. Ajouter les oignons et la viande.
- Verser dessus 60 cl de bouillon, la moitié du mélange 7-épices. Porter à ébullition.
- Cuire 10 min à feu très doux. Retirer du feu et garder couvert.

- Servir le riz couvert des morceaux de poulet saupoudrés du reste des épices et parsemés d'amandes, de pistaches et de pignons de pin.

MAALOUBÉ-T-BATENJANE
Gâteau d'aubergines

Préparation : 45 min
Repos au frais : 1 nuit
Cuisson : 2 h 30

Pour 10 personnes
500 g de viande hachée
   d'agneau
8 aubergines
3 oignons
1 poivron rouge
500 g de riz basmati
70 g de pignons de pin
   (voir p. 163)
70 g d'amandes mondées
70 g de pistaches
   mondées
Huile neutre
Sel et poivre noir

La veille

• Peler les aubergines, les couper en deux dans le sens de la largeur, puis chaque moitié en quatre, les saler et les mettre au frais dans une passoire.

Le jour même

• Faire dorer successivement dans de l'huile les pignons de pin, les pistaches et les amandes. Réserver sur du papier absorbant.
• Faire frire les aubergines dans de l'huile et les éponger avec du papier absorbant.
• Les déposer dans le fond d'une casserole et les couvrir d'eau. Poser un poids dessus, une assiette par exemple (les aubergines doivent rester au fond de la casserole). Couvrir et cuire 10 min à feu doux. Égoutter en conservant l'eau de cuisson.
• Éplucher les oignons. Les hacher ainsi que le poivron débarrassé de ses graines, les faire revenir dans 2 cuil. à soupe d'huile, ajouter la viande hachée, saler, poivrer et cuire 5 min. Rincer le riz.
• Mettre à chauffer 2 cuil. à soupe d'huile dans une casserole, y faire revenir le riz jusqu'à ce qu'il devienne translucide. Ajouter l'eau de cuisson des aubergines, à raison de 2 fois le volume du riz, ajouter de l'eau si besoin. Porter à ébullition, couvrir et cuire 7 min à feu doux. Retirer du feu et garder couvert.
• Dans une large casserole, verser la moitié du riz, ajouter dessus les aubergines, puis la viande, puis le reste de riz.
• Couvrir de papier sulfurisé ou d'une gaze, poser dessus une assiette pour faire un poids, couvrir et cuire 1 h 45 à feu très doux.
• Retirer le couvercle, l'assiette et le papier sulfurisé, poser un plat sur la casserole et la retourner d'un coup sec.
• Retirer doucement la casserole en démoulant, éponger l'excédent de sauce.
• Parsemer de pignons, d'amandes et de pistaches.
• Servir ce plat qui se présente comme un gâteau avec le riz croustillant par-dessus.

VARIANTES

• Vous pouvez remplacer la viande hachée par des souris d'agneau désossées et coupées en morceaux de 3 cm de côté.
• Vous pouvez remplacer le riz par du bourghol gros (voir p. 160). La cuisson du bourghol est plus facile, il reste ferme à la cuisson. L'inconvénient est que vous n'obtiendrez pas, en surface, le croustillant du riz. Disposez les aubergines au fond de la casserole pour qu'elles apparaissent à la surface du gâteau.

BON À SAVOIR

Vous pouvez tout préparer à l'avance : disposez les ingrédients dans la casserole et mettez à cuire sur le feu 1 h 45 avant de servir.

HRISSÉ DE BLÉ ET D'AGNEAU À LA CANNELLE

Il s'agit d'un plat de fête, apprécié depuis des siècles par diverses communautés orientales, des Arméniens de Constantinople aux Chaldéens d'Irak et d'Iran. Dans certains villages chrétiens de la montagne libanaise, la hrissé est traditionnellement préparée pour le 15 août, fête de la Vierge. La veille au soir, on allume un feu sur le parvis de l'église. Dans un grand chaudron en cuivre, on fait mijoter les morceaux d'agneau avec les os et les oignons. Au petit matin, on retire les os du chaudron, on ajoute le blé, et la cuisson se poursuit encore pendant plusieurs heures jusqu'à la sortie de la messe. Les plats de hrissé sont alors offerts aux fidèles, qui les consomment sur place, par petits groupes, ou les rapportent chez eux pour le repas familial.

Une tradition similaire existe dans les villes et les villages chiites du Sud-Liban, pour commémorer la Achoura. Les familles riches préparent la hrissé dans de grands chaudrons de cuivre et la distribuent à la population. Il arrive également que des familles pauvres agissent de même pour accomplir un vœu ; par souci d'économie, elles remplacent parfois l'agneau par du poulet. Les femmes se mettent à plusieurs pour préparer ce plat, parce qu'il faut le remuer pendant des heures, jusqu'à ce qu'il ait la consistance d'un fromage fondu.

Préparation : 15 min
Cuisson : 3 h

Pour 6 personnes
4 ou 5 souris d'agneau
   dégraissées
400 g de blé mondé
3 oignons
2 cuil. à soupe d'huile
   neutre
2 feuilles de laurier
1 bâton de cannelle
1 cuil. à café de poivre
   doux
Sel

- Mettre à chauffer l'huile dans une cocotte et y faire revenir les souris d'agneau de tous les côtés. Peler les oignons et les couper en quatre, les ajouter dans la cocotte avec le bâton de cannelle, les feuilles de laurier et 3 litres d'eau. Porter à ébullition, écumer la mousse qui se forme à la surface. Couvrir et laisser mijoter 2 h à feu doux.
- Retirer les souris d'agneau de la cocotte, enlever les os et les peaux, dégraisser le bouillon en prélevant avec une grande cuillère le gras qui monte à la surface. Remettre la viande dans le bouillon et ajouter le blé, cuire encore 1 h à feu doux jusqu'à ce que le blé soit complètement écrasé.
- Mélanger régulièrement avec une cuillère en bois.
- À la fin de la cuisson, saler, poivrer et servir.

VARIANTE

Hrissé au poulet. Remplacez l'agneau par un poulet fermier, la durée de cuisson du poulet sera d'environ 1 h, et procédez de la même manière pour la recette.

BON À SAVOIR

- Le blé mondé est le blé dont on a retiré la peau. Il est essentiel à cette recette car il est plus fondant que le blé que l'on trouve en supermarché. Vous le trouverez dans les épiceries orientales ou les boutiques diététiques.
- Ce plat peut être préparé la veille.
- Pour certaines familles, le cumin est indispensable à cette recette ; il est ajouté à la fin, comme le poivre et le sel.

DAOUD BACHA
Boulettes d'agneau haché

Ce plat porte le nom d'un notable qui devait l'apprécier particulièrement. Sans doute s'agit-il d'un pacha d'origine arménienne qui fut gouverneur du Mont-Liban au XIXᵉ siècle.

Préparation : 20 min
Cuisson : 30 min

Pour 6 personnes
600 g de viande hachée
   d'agneau
1 kg d'oignons
10 cl de vinaigre
   de vin blanc
Huile neutre
Sel et poivre noir

- Mixer la viande avec 1/2 cuil. à café de sel et 1/2 cuil. à café de poivre jusqu'à la réduire en purée.
- Façonner des boulettes de 2,5 cm de diamètre et les faire rissoler 5 min à la poêle dans un peu d'huile.
- Éplucher les oignons et les couper en fines lamelles.
- Dans un faitout, verser 2 cuil. à café d'huile et y faire suer les oignons pendant 10 min à feu doux.
- Ajouter les boulettes de viande, le vinaigre et 10 cl d'eau.
- Cuire 20 min à feu doux et à couvert.
- Servir avec du Riz basmati ou du Riz aux vermicelles (voir p. 77).

VARIANTES

- Au Nord du Liban, le vinaigre est remplacé par une sauce à base de tomates.
- Vous pouvez également ajouter à la viande 50 g de noix pilées et remplacer le vinaigre par du *debs remmane* (voir p. 166).

BOURGHOL À LA TOMATE

Préparation : 20 min
Cuisson : 35 min

Pour 6 personnes
400 g de bourghol
   (voir p. 160)
300 g de viande hachée
   d'agneau
50 g de pignons de pin
   (voir p. 163)
1 bouquet de persil plat
500 g d'oignons
80 cl de jus de tomate
1 cuil. à soupe rase
   de mélange 7-épices
   (voir p. 165)
4 cuil. à soupe d'huile
   neutre
Sel

- Ciseler le persil, peler et hacher les oignons. Les réserver séparément.
- Dans un faitout, verser 4 cuil. à soupe d'huile, y faire colorer les oignons. Après quelques minutes ajouter le bourghol, mélanger.
- Ajouter le jus de tomate, 80 cl d'eau, du sel et le mélange 7-épices.
- Porter à ébullition, couvrir et laisser cuire à feu doux durant 25 min en remuant de temps en temps.
- Pendant ce temps, faire dorer les pignons à sec, ajouter la viande et saler. Cuire à feu doux pendant 10 min.
- Servir le bourghol avec la viande et les pignons de pin par-dessus, parsemer de persil ciselé.

VARIANTES

- La viande hachée peut être remplacée par 2 souris d'agneau confites ou juste rôties.
- Cette recette peut être préparée sans viande, et servir d'accompagnement à divers plats.
- Vous pouvez également utiliser de la tomate fraîche pelée.

MASBAHT-ELDARWICH

Le nom de ce plat signifie « le chapelet du derviche », sans doute parce qu'on y égrène une succession de légumes bigarrés.

Préparation : 20 min
Repos au frais : 1 nuit
Cuisson : 30 à 35 min

Pour 6 personnes

3 courgettes
3 aubergines
3 pommes de terre
  charlottes
3 tomates
3 carottes
2 oignons
2 gousses d'ail
1 poivron rouge
200 g de haricots verts
400 g d'épaule d'agneau
  désossée
2 cuil. à soupe de debs
  remmane (jus de
  grenade, voir p. 166)
Huile neutre
Sel et poivre noir

La veille

- Peler les aubergines et les couper en deux dans le sens de la largeur, puis chaque moitié en quatre. Saler et laisser dégorger dans une passoire au frais.

Le jour même

- Couper les courgettes en deux dans la longueur puis en quatre morceaux chacune. Peler les pommes de terre et les couper en trois ou quatre morceaux chacune. Peler et couper les carottes en rondelles.
- Faire frire dans une casserole, ou une friteuse, courgettes, aubergines, pommes de terre et carottes pendant 3 min. Réserver sur du papier absorbant.
- Éplucher les oignons et l'ail, dégermer l'ail. Hacher les oignons et piler l'ail.
- Couper le poivron en julienne.
- Équeuter les haricots verts.
- Peler les tomates, les épépiner et les couper en huit.
- Préchauffer le four à 180 °C (th. 6).
- Couper la viande en dés de 3 cm de côté. Mettre un peu d'huile dans une poêle et faire saisir la viande de tous les côtés. Réserver.
- Faire revenir dans un peu d'huile les oignons, l'ail et les poivrons, ajouter les tomates, saler et poivrer.
- Placer la viande et tous les légumes dans un plat allant au four.
- Ajouter de l'eau à mi-hauteur et verser le *debs remmane* en filet, en le répartissant au-dessus du plat.
- Cuire 20 min au four.
- Servir dès la sortie du four.

BON À SAVOIR

Vous pouvez préparer ce plat à l'avance et l'enfourner 20 min avant de passer à table.

LES PLATS DE POISSON

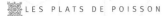

SIYYADIYÉ

C'est le plat des pêcheurs ; siyyad samak — littéralement « chasseur de poissons » — est l'appellation usuelle pour un pêcheur. À l'origine, la siyyadiyé était faite avec les invendus de poissons, qu'on accompagnait de riz, et auxquels on ajoutait de l'oignon et divers condiments. Aujourd'hui, c'est un plat de fête préparé avec du bar ou des poissons à chair ferme. Il y a traditionnellement deux types de siyyadiyé, la blanche et la brune. La différence réside simplement dans la manière dont on cuit l'oignon : doré pour la première, et presque brûlé pour la seconde, ce qui donne au riz une couleur brun foncé.

Préparation : 15 min
Cuisson : 55 min

Pour 6 personnes

1 bar de 2 kg, écaillé et
    évidé ou en filets
300 g de riz basmati
8 oignons
1 cuil. à soupe de carvi
2 cuil. à soupe de cumin
50 g de pignons de pin
    (voir p. 163)
15 cl d'huile d'olive
1 litre de fumet de poisson
10 cl d'huile neutre
Sel

Pour la sauce

1 cuil. à soupe de farine
1 noix de beurre
1/2 citron (jus)

Le décor

- Faire dorer les pignons de pin à sec et réserver.
- Éplucher 2 oignons, les couper en demi-lunes très fines.
- Verser l'huile neutre dans une poêle et, lorsqu'elle est tiède, ajouter les oignons. Remuer continuellement jusqu'à ce qu'ils deviennent dorés et croustillants.
- Les retirer de la poêle et les étaler sur du papier absorbant pour enlever l'excès d'huile. Laisser les oignons à l'air. Réserver.
- Peler et hacher grossièrement les 6 autres oignons. Verser l'huile d'olive dans une casserole, et y faire revenir les oignons à feu vif jusqu'à ce qu'ils brunissent.
- Ajouter aux oignons le fumet de poisson, les épices et le sel. Cuire 20 min à feu doux. Filtrer et réserver.
- Préchauffer le four à 200 °C (th. 6-7).

Le riz

- Mettre un peu d'huile dans une casserole, y faire revenir le riz et ajouter 50 cl de jus de cuisson des oignons, porter à ébullition, couvrir et cuire 15 min à feu doux. Laisser couvert hors du feu.

Le poisson

- Pendant ce temps, saler le poisson et le mettre au four pendant 30 min.
- S'il s'agit de filets, les cuire à feu moyen dans une poêle antiadhésive, côté peau, sans matière grasse.

La sauce

- Pendant ce temps, faire revenir 1 cuil. à soupe de farine dans la noix de beurre, y ajouter le reste du jus de cuisson, donner quelques bouillons et ajouter le jus de citron avant de servir.
- Présenter le riz avec les morceaux de poisson, les oignons, les pignons de pin frits et la sauce à part.

VARIANTES

- Vous pouvez utiliser du cabillaud ou de la lotte. Vous pouvez également ajouter du safran au jus de cuisson.
- Vous pouvez aussi servir avec une Sauce *tajine* (voir p. 29).

DAURADE ROYALE AUX AUBERGINES

Préparation : 15 min
Repos au frais : 1 nuit
Cuisson : 10 min

Pour 6 personnes
900 g de filets de daurade
   royale
3 aubergines
2 cuil. à soupe de debs
   remmane (voir p. 166)
Farine
400 g de riz basmati
Huile neutre
Sel et poivre

La veille

• Couper les aubergines en deux dans le sens de la largeur, puis chaque moitié
   en quatre. Saler, mettre dans une passoire au frais.

Le jour même

• Couper les filets de daurade royale en deux dans le sens de la longueur.
   Saler, poivrer et fariner légèrement.
• Dans une poêle, faire chauffer de l'huile, y frire les aubergines durant 7 min
   puis les filets de daurade royale durant 3 min. Poser sur un papier absorbant.
• Déposer les filets de daurade royale et les aubergines dans un plat. Arroser
   d'un filet de *debs remmane*. Servir avec du Riz basmati (voir p. 77).

GARNITURES

Deux garnitures peuvent aussi accompagner ce plat :

• Les aubergines : mélanger 300 g de Moutabbal (voir p. 27) avec 1 grenade
   égrenée, 2 cuil. à soupe de *debs remmane* et 1 botte de ciboulette hachée.
• Les tomates : mélanger 6 tomates pelées, épépinées et taillées en petits dés
   avec 1 échalote grise finement hachée et 2 cuil. à soupe de *debs remmane*.

MULET NOIR ÉPICÉ

Préparation : 15 min
Cuisson : 15 min

Pour 6 personnes
1 mulet noir de 1,5 kg
   en filets
3 bouquets de coriandre
1 tête d'ail
2 oignons
2 citrons (jus)
1 cuil. à soupe de cumin
   en poudre
1 pointe de piment
   en poudre ou plus selon
   le goût
Huile neutre, sel

• Retirer la peau des filets de mulet et les couper en morceaux de 2 cm.
• Peler les oignons. Hacher grossièrement la coriandre et les oignons.
• Peler et dégermer l'ail et couper chaque gousse en quatre ou cinq.
• Dans une sauteuse, faire revenir les oignons dans un peu d'huile. Ajouter l'ail
   et faire cuire 3 min puis ajouter la coriandre.
• Ajouter le poisson, le sel et le cumin.
• Mouiller d'eau à mi-hauteur et cuire à couvert et à feu doux pendant 5 min.
• Ajouter le piment et le jus de citron et servir tiède en guise de *mezzé*.

SALADE DE POULPE À LA CORIANDRE

Préparation : 15 min
Cuisson : 45 min

Pour 6 personnes
2 kg de poulpes de taille
  moyenne nettoyés
2 oignons
3 gousses d'ail
2 bouquets de coriandre
3 tomates
Huile d'olive
Sel et poivre noir

- Couper les poulpes en morceaux de 3 cm de long.
- Peler l'oignon et l'ail. Hacher l'oignon, dégermer et piler l'ail.
- Effeuiller la coriandre. Réserver les feuilles et ficeler les tiges pour former un bouquet.
- Faire revenir l'oignon et l'ail dans de l'huile d'olive, ajouter le poulpe, du sel, du poivre et les tiges de coriandre, cuire 45 min à feu doux et à couvert.
- Laisser refroidir et retirer les tiges de coriandre.
- Couper les tomates en petits dés sans les peler ; ciseler les feuilles de coriandre.
- Mélanger le poulpe, la coriandre et la tomate. Servir.

CALMARS À L'AIL ET À LA CORIANDRE

Préparation : 10 min
Cuisson : 20 min

Pour 6 personnes
2 kg de calmars de taille
  moyenne
2 bouquets de coriandre
3 gousses d'ail
1 cuil. à soupe d'huile
  d'olive
Sel et poivre noir

- Nettoyer les calmars, couper le corps et les ailerons en lamelles, laisser les tentacules entières.
- Peler l'ail, le dégermer et le piler.
- Ciseler la coriandre.
- Mettre l'huile d'olive, les calmars, l'ail, du poivre et du sel dans une casserole.
- Couvrir et cuire à feu doux pendant 20 min.
- Ajouter la coriandre hors du feu et servir avec un Riz basmati (voir p. 77) ou des rattes cuites à l'eau.

SABBIDIJ
Seiches à l'encre

Préparation : 5 min
Cuisson : 55 min

Pour 6 personnes
2 kg de seiches de taille
  moyenne nettoyées
1 gousse d'ail
1 sachet d'encre
Sel et poivre noir

- Peler l'ail, le dégermer et le piler.
- Mettre les seiches et l'ail dans une casserole avec 10 cl d'eau et laisser cuire à feu doux et à couvert pendant 45 min.
- Ajouter l'encre, du sel, du poivre et laisser cuire à découvert pendant 10 min.
- Servir tiède ou froid.

VARIANTE

Vous pouvez ajouter à l'encre un peu de zeste d'orange et de mandarine.

REMARQUE

Si les seiches sont grandes, coupez-les en morceaux de 5 cm.

BON À SAVOIR

Vous trouverez de l'encre en sachet chez tous les poissonniers.

LE SULTAN DES POISSONS
et sa friture de chou-fleur et d'aubergine

Au Liban, divers poissons sont appréciés en friture. Il faut compter 300 g par personne, 200 g si ce sont des anchois, des sardines ou des petits poissons, 150 g pour les calmars. Le roi de la friture est le rouget barbet, appelé justement Sultan Ibrahim, sans doute parce qu'il fut, jadis, le mets préféré d'un souverain ottoman.

Préparation : 5 min
Repos au frais : 2 à 3 h
  (ou la veille)
Cuisson : 5 min

Pour 6 personnes
1,5 kg de poissons variés
2 aubergines
1 petit chou-fleur
3 petits pains libanais
  (voir p. 161)
Farine
Huile pour friture
Sel et poivre

- Peler les aubergines et les couper en tranches de 4 mm d'épaisseur dans le sens de la longueur. Les saler et les mettre dans une passoire pour les faire dégorger au frais pendant 2 ou 3 h. Cette opération peut être effectuée la veille.
- Saler, poivrer et fariner légèrement les poissons écaillés et évidés.
- Les plonger 2 min dans de l'huile chaude.
- Retirer les poissons de la poêle, les éponger sur du papier absorbant.
- Couper les petits pains en bandes de 2 cm de largeur et les faire frire jusqu'à ce qu'elles soient dorées.
- Éponger les aubergines et les faire frire jusqu'à ce qu'elles soient moelleuses.
- Détailler le chou-fleur en petites fleurettes, et les faire frire jusqu'à obtenir une belle couleur dorée.
- Servir les poissons chauds accompagnés des légumes et du pain frit.

REMARQUE

Les sauces qui accompagnent ces plats sont la Sauce *tarator* (voir p. 29), le *debs remmane* (voir p. 166), ou tout simplement le jus de 1 citron et 1 filet d'huile d'olive.

BON À SAVOIR

Vous pouvez préparer les aubergines la veille et les faire frire le jour même.

FRIKÉ DE POISSONS

Préparation : 15 min
Cuisson : 55 min

Pour 6 personnes

300 g de friké (voir p. 168)
200 g de filets de rougets
 barbets
500 g de filets de bar
6 grosses gambas
2 oignons
2 gousses d'ail
1 carotte
90 cl de fumet de poisson
Huile neutre
Sel et poivre noir

- Éplucher la carotte, les oignons et l'ail. Hacher les oignons, dégermer l'ail et le piler, tailler la carotte en petits dés.
- Dans une sauteuse, faire revenir l'oignon et l'ail dans de l'huile, ajouter la *friké*, le fumet, le sel et du poivre ; laisser cuire à feu doux et à couvert pendant 45 min.
- Couper chaque filet de poisson en trois morceaux.
- Les saisir rapidement dans l'huile avec les gambas non décortiquées puis les ajouter à la *friké* avec les dés de carotte.
- Cuire encore 5 min. Servir décoré (ou non) d'un brin d'aneth.

LES
DOUCEURS

Au Liban, à la fin d'un repas, on mange traditionnellement des fruits. Sucreries et douceurs s'apprécient à d'autres heures, souvent dans l'après-midi, quelquefois dans la matinée. Plusieurs villes possèdent de vastes pâtisseries, qui sont parfois des institutions familiales séculaires, et qui cultivent leur renommée. D'ordinaire, les gens font la différence entre les douceurs qui se préparent chez soi, et celles, bien plus difficiles à faire, qui s'achètent uniquement dans les pâtisseries. Les douceurs que nous avons choisi de présenter ici sont de celles que l'on peut réaliser soi-même ; et aussi de celles qui nous paraissent susceptibles d'être consommées en guise de dessert, ou pour accompagner le café ou le thé.

HAYTALIYÉ

Cette préparation d'origine ottomane est parfumée à l'eau de fleur d'oranger et au mastic, résine d'un arbre appelé lentisque qui pousse principalement sur l'île grecque de Chios. Recueillie sur le tronc, le long duquel elle s'écoule en larmes transparentes qui blanchissent à l'air, la précieuse sève était autrefois réservée au harem impérial de Constantinople. Mais l'habitude de « mastiquer » s'était répandue dans plusieurs villes d'Europe occidentale, où les dames riches se la procuraient à prix d'or, persuadées qu'elle allait leur assurer des dents plus blanches. Au Liban et dans divers autres pays de la Méditerranée orientale, le mastic entre encore dans de nombreuses recettes sucrées — pâtisseries, glaces, boissons et confiseries.

Préparation : 10 min
Cuisson : 10 min

Pour 6 personnes
La haytaliyé
1 litre de lait entier
75 g de fécule de maïs
   (Maïzena)
5 g de mastic
10 cl d'eau de fleur
   d'oranger (voir p. 169)
1 pincée de sucre

Le sirop
10 cl de jus d'orange
Le zeste de 1 orange
200 g de sucre

- Piler le mastic avec le sucre pour mieux le broyer. Faire bouillir le lait dans une casserole à fond épais en fouettant. Ajouter la fécule diluée dans un peu d'eau en continuant à fouetter.
- Porter à nouveau à ébullition, incorporer l'eau de fleur d'oranger et le mastic hors du feu, sinon il devient amer.
- Verser dans des petits ramequins.
- Prélever le zeste de l'orange avec un économe et le hacher très finement.
- Dans une casserole, préparer le sirop : faire chauffer à feu vif le jus d'orange, le sucre et les zestes pendant 10 min. Laisser refroidir.
- Pour servir, parsemer chaque ramequin de zestes d'orange puis ajouter du sirop.

VARIANTES

- Vous pouvez préparer le sirop avec un autre fruit.
- Si vous ajoutez du sucre et augmentez la quantité de fécule dans le lait, cela donne la *mouhallabié*. Elle est présentée sans sirop, parce qu'elle est déjà sucrée. Vous pouvez la décorer de pistaches moulues.

BON À SAVOIR

Si vous ne trouvez pas de mastic (vendu en petit conditionnement comme le safran) dans les épiceries orientales, vous pouvez le supprimer de la recette.

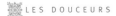

GÂTEAU DE MASSEPAIN AUX NOIX

Préparation : 10 min
Cuisson : 25 min

Pour 6 personnes
250 g de poudre
 d'amande
175 g de sucre glace
5 cl d'eau de fleur
 d'oranger (voir p. 169)

La farce
150 g de noix
20 g de sucre glace
1 cuil. à café d'eau de rose
 (voir p. 169)

- Préchauffer le four à 120 °C (th. 4).
- Préparer la farce : mixer légèrement les noix avec le sucre glace et l'eau de rose puis réserver.
- Mixer la poudre d'amande, le sucre glace et l'eau de fleur d'oranger. On obtient une boule de pâte qui se décolle des bords. La diviser en deux.
- Étaler sur du papier sulfurisé les deux moitiés de pâte sous la forme de deux carrés d'une épaisseur de 2 mm. Étaler la farce aux noix sur une des pâtes étalées. Couvrir avec l'autre moitié de pâte. Décorer la surface en faisant des motifs avec une fourchette ou un couteau.
- Mettre sur une plaque allant au four et cuire pendant 25 min.
- Une fois sorti du four, laisser refroidir le gâteau puis le couper en petits carrés de 2 cm de côté.

VARIANTE

Vous pouvez remplacer les noix par des pistaches.

REMARQUE

Ce gâteau peut être présenté en bouchées individuelles (voir photo p. 152). Pour cela, diviser la pâte en quatre et rouler chaque part en forme de boudin, écraser chaque boudin en forme de rectangle. Étaler la farce au milieu, rouler en forme de cylindre et couper en tranches de 2 cm environ. Cuire 15 min au four à 120 °C (th. 4).

Meghli

Le meghli se prépare pour célébrer la naissance d'un enfant. Il est offert aux proches venus féliciter les parents pour cet événement. Dans la Bekaa, on l'appelle carawya, « carvi », lorsqu'il est servi froid, et meghli, « bouilli », lorsqu'il est servi chaud. On disait autrefois que les épices de ce dessert favorisaient la montée du lait chez la mère.

Préparation : 5 min
Cuisson : 15 min

Pour 6 personnes
150 g de semoule de riz
3 cuil. à soupe de carvi
   en poudre
3 cuil. à soupe de cannelle
   en poudre
200 g de sucre en poudre
50 g de noix de coco râpée
50 g de pignons de pin
   (voir p. 163)
50 g de pistaches
   décortiquées non salées
50 g d'amandes mondées

- Mettre à tremper séparement dans de l'eau tiède pignons de pin, pistaches et amandes.
- Dans une cocotte, mettre la semoule de riz, le carvi, la cannelle, le sucre et 1 litre d'eau. Porter à ébullition en remuant régulièrement. Couvrir la cocotte et laisser cuire 12 min à feu doux.
- Verser dans des petits ramequins. Laisser tiédir puis mettre au réfrigérateur.
- Présenter les ramequins couverts de noix de coco râpée, d'amandes, de pistaches et de pignons de pin entiers et égouttés.

VARIANTE

Vous pouvez ajouter 1/2 cuil. à café d'anis au mélange d'épices.

BON À SAVOIR

Vous trouverez la semoule de riz dans les épices orientales.

ATAYEF-BIL-ACHTA

De nombreuses pâtisseries libanaises sont farcies d'une crème de lait blanche appelée achta. Cette crème est préparée avec du lait mis à bouillir dans un récipient large. Une couche fine se forme au contact de l'air, la frangipane du lait qui, recueillie à l'aide d'une louche, est déposée dans un récipient au frais. Cette opération est répétée durant plusieurs heures jusqu'à ce qu'il ne reste plus de liquide dans le récipient. Diverses recettes de remplacement ont été inventées, utilisant la crème fraîche mélangée à la mie de pain, ou à la semoule cuite dans le lait. Celle que nous vous proposons ici nous paraît plus proche du goût traditionnel.

Préparation : 20 min
Repos de la pâte : 1 h
Cuisson : 2 min

Pour 6 personnes
180 g de farine
40 cl d'eau
12 g de levure chimique

La crème
100 g de mozzarella
300 g de mascarpone
2 cuil. à soupe d'eau
  de fleur d'oranger
  (voir p. 169)
20 g de sucre en poudre

Le sirop
10 cl d'eau
200 g de sucre en poudre
1 cuil. à soupe d'eau
  de fleur d'oranger
  (voir p. 169)

Le décor
20 g de pistaches hachées

- Mélanger la farine, l'eau et la levure. Laisser reposer dans un endroit chaud durant 1 h.
- Pendant ce temps, passer successivement au robot les deux fromages. Les mélanger au fouet avec le sucre et l'eau de fleur d'oranger puis réserver au frais.
- Cuire la pâte d'un seul côté en petites crêpes épaisses dans une poêle antiadhésive ou, mieux, sur une crêpière.
- Faire des cornets avec les crêpes en collant deux extrémités de la face non cuite. Farcir du mélange aux fromages, parsemer de pistaches hachées et arroser d'un sirop parfumé à l'eau de fleur d'oranger : verser l'eau et le sucre dans une casserole et faire cuire 10 min. Hors du feu, ajouter l'eau de fleur d'oranger.

VARIANTES

- Vous pouvez préparer la pâte avec de la levure de boulanger, dans ce cas, laissez reposer la pâte 30 min.
- Vous pouvez remplacer le sirop classique par un sirop parfumé aux fruits.

Maamoul de Pâques

C'est le gâteau de Pâques, que les familles chrétiennes préparent durant la semaine sainte, et que l'on offre aux parents et amis qui se rendent visite le jour de la fête. La pâte est préparée la veille, ainsi que les différentes farces. Le lendemain, on s'installe, généralement entre femmes, autour d'un grand plat, pour confectionner le maamoul, ce qui exige des ustensiles spéciaux, que l'on n'emploiera plus pour d'autres recettes, et qu'on rangera jusqu'à l'année suivante. Il s'agit de moules en bois, qui ont généralement 4 ou 6 cm de diamètre, et qui permettent de reconnaître d'un coup d'œil le contenu du gâteau. S'il est rond et conique, c'est qu'il s'agit d'un maamoul aux noix ; s'il est rond mais aplati, c'est qu'il est farci de dattes ; s'il est allongé, c'est qu'il est aux pistaches... Cette convention est toujours respectée, et le rituel de préparation se maintient encore, même si les recettes peuvent différer légèrement d'une famille à l'autre. Nous présentons ici celle de la mère et des sœurs d'Andrée.

Préparation : 3 h
Repos : 1 nuit + 2 h
Cuisson : 10 min
   par fournée

Pour 50 petites pièces
250 g de semoule fine
250 g de semoule moyenne
200 g de beurre
2 cuil. à soupe de mahlab
  (voir p. 144)
5 cl d'eau de fleur
  d'oranger (voir p. 169)
5 cl d'eau de rose
  (voir p. 169)

La farce
125 g de noix concassées
125 g de pistaches
  décortiquées non salées
125 g de dattes
1 noix de beurre
4 cuil. à soupe de sucre
  en poudre
2 cuil. à soupe d'eau
  de fleur d'oranger

La veille

- Dans un saladier, mélanger les deux sortes de semoule, le *mahlab* et le beurre fondu ; couvrir d'un film alimentaire et réserver à température ambiante.

Le jour même

- Préchauffer le four à 220 ºC (th. 7-8).
- Faire tiédir l'eau de fleur d'oranger et l'eau de rose. Les verser sur la semoule, mélanger jusqu'à obtenir une pâte homogène, et laisser reposer 2 h.
- Préparer chaque farce séparément :
  - Mélanger les noix concassées avec 2 cuil. à soupe de sucre et 1 cuil. à soupe d'eau de fleur d'oranger.
  - Mélanger les pistaches concassées avec 2 cuil. à soupe de sucre et 1 cuil. à soupe d'eau de fleur d'oranger.
  - Réduire les dattes en purée, les mélanger au beurre, et les rouler en petites boulettes de 2 cm de diamètre, ou de 4 cm si l'on utilise les gros moules.
- Prendre dans la main une boulette de semoule, la creuser en l'aplatissant et la farcir de mélange aux noix, ou aux pistaches ou aux dattes.
- Presser la boulette dans le moule adéquat, puis la démouler d'un coup sec sur la table ; la poser aussitôt sur la plaque allant au four. Il est possible de préparer ces gâteaux sans moule : confectionner les petites boules farcies puis les façonner avec une pince à épiler pour leur donner un aspect strié (voir photo).
- Cuire 10 min à mi-hauteur du four, à chaleur tournante si votre four a cette fonction.

BON À SAVOIR

Le *mahlab* est aussi appelé prunus mahaleb, ou faux merisier, ou encore bois de sainte lucie.

AWEYMETTES
Beignets au sirop

Préparation : 5 min
Repos : 30 min
Cuisson : 15 min

Pour 6 personnes
La pâte
300 g de yaourt de brebis
150 g de farine
1 pincée de bicarbonate
   de soude
Huile pour friture

Le sirop
10 cl d'eau
200 g de sucre en poudre
1 cuil. à soupe d'eau
   de fleur d'oranger
   (voir p. 169)

La pâte

• Mélanger le yaourt, la farine et le bicarbonate. Laisser reposer 30 min
   à température ambiante.

Le sirop

• Verser l'eau et le sucre dans une casserole et faire cuire 10 min. Hors du feu,
   ajouter l'eau de fleur d'oranger.

• Faire des boules avec la pâte, puis les frire 5 min dans une friteuse à 160 °C.
   Les égoutter, puis les plonger dans le sirop.
• Servir avec un sorbet aux agrumes.

VARIANTES

• Vous pouvez préparer les aweymettes avec de la farine, de la levure de boulanger
   et de l'eau. La pâte doit avoir la consistance d'une crème épaisse.
• Vous pouvez également remplacer 50 g de farine par de la fécule de pomme
   de terre.

KHCHEIF
Salade d'abricots secs à la rose

Préparation : 10 min
Trempage : 1 nuit
Cuisson : 20 min
Repos au frais : 4 h

Pour 6 personnes
200 g d'abricots secs
200 g de pruneaux
50 g de raisins secs
　sultanines
100 g de raisins secs
　de Corinthe
50 g de pignons de pin
　(voir p. 163)
50 g de pistaches
　décortiquées
　non salées
50 g d'amandes entières
5 cl d'eau de fleur
　d'oranger (voir p. 169)
5 cl d'eau de rose
　(voir p. 169)

La veille

• Mettre à tremper séparément dans des petits bols les raisins de Corinthe, les pistaches, les amandes et les pignons de pin dans 1 litre d'eau fraîche à couvert pendant toute la nuit.

Le jour même

• Ajouter aux raisins de Corinthe et sans les égoutter, les abricots, les pruneaux, les raisins sultanines, l'eau de rose et l'eau de fleur d'oranger, puis réserver au frais.
• Égoutter les amandes, les pistaches et les pignons de pin.
• Enlever la peau des pistaches et des amandes.
• Ajouter les pignons, les amandes et les pistaches aux fruits secs, et garder au frais 4 h jusqu'au moment de servir.

VARIANTES

• À l'origine, cette recette se préparait avec les abricots secs uniquement. Les pruneaux ont fait leur apparition tardivement.
• Vous pouvez ajouter d'autres fruits secs : figues, poires, cerises, pêches…
• Vous pouvez également supprimer de cette recette les pignons de pin, les amandes et les pistaches.

SNAYNIYÉ

Ce dessert à base de blé est traditionnellement préparé à l'occasion de la première dent d'un enfant.

Préparation : 20 min
Trempage : 1 nuit
Cuisson : 30 min

Pour 6 personnes
200 g de blé mondé
   à cuire
2 grenades
50 g de pignons de pin
   (voir p. 163)
50 g d'amandes entières
50 g de pistaches
   décortiquées non salées
100 g de sucre en poudre
10 cl d'eau de fleur
   d'oranger (voir p. 169)

La veille

• Mettre à tremper séparément les pistaches, les amandes et les pignons de pin dans de l'eau fraîche.

Le jour même

• Cuire le blé 30 min à couvert dans de l'eau bouillante.
• Ajouter le sucre et l'eau de fleur d'oranger en fin de cuisson. Bien mélanger.
• Égrener les grenades. Enlever la peau des amandes et des pistaches.
• Mélanger l'ensemble et servir dans un verre ou un saladier transparent.

BON À SAVOIR

Le blé mondé est le blé dont on a retiré la peau. Il est essentiel à cette recette car il est plus fondant que le blé que l'on trouve en supermarché. Vous le trouverez dans les épiceries orientales ou les boutiques diététiques.

SOUPE DE FRAISES
À LA FLEUR D'ORANGER

Préparation : 15 min
Repos au frais : 2 h
Cuisson : 10 min

Pour 6 personnes
500 g de fraises
1 citron non traité
1 cuil. à soupe de vinaigre
   de vin
100 g de sucre en poudre
10 cl de jus d'orange
4 cl d'eau de fleur
   d'oranger (voir p. 169)

- Laver les fraises, puis les équeuter. Les couper en trois ou quatre et les mélanger avec le vinaigre et 50 g de sucre. Réserver 1 h au frais.
- Prélever le zeste du citron avec un économe, le hacher. Le mettre dans une casserole et le couvrir d'eau. Ajouter 50 g de sucre et 1 cuil. à soupe de jus du citron.
- Cuire doucement pendant 10 min. Réserver.
- Mélanger le jus d'orange et l'eau de fleur d'oranger. Verser sur les fraises. Réserver au frais encore 1 h.
- Servir parsemé de zestes confits.

LA TOUCHE AUDACIEUSE DE KARIM
Ajoutez 1 pincée de sel dans l'eau de cuisson des zestes.

Poires à l'arak

Préparation : 10 min
Cuisson : 25 min

Pour 6 personnes
6 poires comices fermes
200 g de sucre en poudre
1/2 citron (jus)
10 cl d'arak
1 cuil. à soupe de mélasse
   de caroube (voir p. 166)

- Peler les poires et enlever les pépins en les creusant par-dessous à l'aide d'un couteau économe. Les plonger dans une casserole d'eau avec le jus de citron, 100 g de sucre et 5 cl d'arak. Cuire 20 min à feu doux. Réserver.
- Retirer 5 cl de jus de cuisson, ajouter le reste d'arak et de sucre puis cuire encore 5 min.
- Servir les poires nappées du sirop ainsi obtenu et de quelques filets de mélasse de caroube.

BON À SAVOIR

- L'arak libanais est un alcool de raisin auquel on a ajouté de l'anis étoilé pour le parfumer au moment de sa distillation. À ne pas confondre avec l'arak du Sri Lanka qui est un alcool de noix de coco ou avec l'arak réunionnais qui est le surnom local du rhum.
- Vous trouverez la mélasse de caroube dans les épiceries orientales.

MAAKAROUN

Ce n'est pas un hasard si le nom de cette pâtisserie rappelle celui du macaron ; ils ont un ancêtre commun, le maccarone *italien, vocable qui désignait à l'origine une pâte similaire aux gnocchis. C'est effectivement à ces derniers que fait penser le* maakaroun *libanais — pour ce qui est de l'apparence, s'entend, car le goût est tout autre. Disponible aujourd'hui en toute saison, cette pâtisserie de fête se préparait autrefois pour* eid el-barbarah, *la Sainte-Barbe, le 4 décembre.*

Préparation : 20 min
Repos au frais : 30 min
Cuisson : 40 min

Pour 6 personnes
La pâte
250 g de farine
1 cuil. à café de mahlab
1 cuil. à café d'anis
   en poudre
2 cuil. à café de levure
   chimique
10 cl d'huile neutre

Le sirop
3 verres de sucre
   en poudre
1 verre 1/2 d'eau
1 cuil. à soupe d'eau
   de fleur d'oranger
   (voir p. 169)

Huile pour friture

La pâte

- Mélanger la farine, l'huile, le *mahlab*, l'anis, la levure et 10 cl d'eau jusqu'à l'obtention d'une pâte. Laisser reposer la pâte 30 min au frais. Diviser la pâte en quatre parts, puis façonner des boudins de 2 cm de diamètre et les couper en tronçons de 4 cm de long.
- Prendre un panier ou un sous-plat en osier et rouler les petits boudins sur la surface en les écrasant contre la paroi. C'est d'ailleurs le même geste que l'on fait pour préparer les gnocchis. Ce mouvement a pour effet de creuser le cœur de la pâte et de faciliter ainsi sa cuisson.

Le sirop

- Faire bouillir le sucre avec l'eau jusqu'à obtenir un sirop de consistance moyenne, ni trop épais ni trop léger. Hors du feu, ajouter l'eau de fleur d'oranger.

- Chauffer l'huile. Lorsqu'elle est bien chaude, faire frire 8 à 10 *maakarouns* à la fois, selon la taille de la poêle, jusqu'à obtenir une légère coloration ; les retourner. Les sortir rapidement de la poêle et les déposer aussitôt dans le sirop tiède ou froid. Les enlever du sirop après 5 min. Répéter cette opération jusqu'à ce qu'ils soient tous frits.

VARIANTE

Autrefois dans les villages, le sucre importé n'était pas accessible à tous ; on le remplaçait alors par de la mélasse de raisin ou de caroube (voir pp. 166 et 167). Cette dernière ayant une consistance un peu plus épaisse que le sirop, il faut lui ajouter un peu d'eau pour que les *maakarouns* s'en imprègnent.

REMARQUES

Le *mahlab* est aussi appelé prunus mahaleb, ou faux merisier, ou encore bois de Sainte-Lucie. C'est le noyau de cette cerise que l'on utilise. Vous pouvez l'acheter dans les épiceries orientales, entier ou sous forme de poudre. Pour garantir sa conservation, il est conseillé de l'acheter entier et de le moudre au besoin.

POMMES ET BANANES À LA CANNELLE

Au Liban, les bananiers et les pommiers poussent à moins de 30 km de distance, les premiers sur le littoral, les autres en altitude. Cette proximité est rare ; elle donne envie d'en mélanger les saveurs.

Préparation : 10 min
Cuisson : 15 min

Pour 6 personnes
9 pommes de variétés
   différentes
2 bananes
1 cuil. à soupe de cannelle
   en poudre

Pour accompagner
6 boules de glace à la
   cannelle

- Peler les pommes, les débarrasser de leurs pépins et les couper en morceaux. Peler les bananes et les couper en morceaux. Les mettre ensemble dans une casserole avec 1 tasse à café d'eau ; les laisser cuire à feu doux et à couvert durant 15 min.
- Ajouter la cannelle à mi-cuisson. Servir chaud avec 1 boule de glace à la cannelle.

ROZZ-BI-HALÎB
Riz au lait

Préparation : 10 min
Cuisson : 25 min
Repos au frais : 2 h

Pour 6 personnes
100 g de riz rond
1 litre de lait entier
70 g de sucre en poudre
30 g de fécule de maïs
   (Maïzena)
5 cl d'eau de fleur
   d'oranger (voir p. 169)

- Couvrir le riz de 20 cl d'eau froide et porter à ébullition. Cuire pendant 20 min à feu doux et à découvert.
- Verser le lait dans une casserole et porter à ébullition. Ajouter le riz et son eau de cuisson ainsi que la fécule de maïs. Porter encore à ébullition.
- Ajouter hors du feu le sucre et l'eau de fleur d'oranger. Mélanger.
- Verser dans des petits ramequins, les laisser refroidir 2 h au réfrigérateur puis consommer bien frais.

REMARQUE

Vous pouvez servir ce riz au lait avec un sirop de sucre ou de fruits.

OSMALLIÉ

Pour cette pâtisserie d'origine osmanli, ou ottomane, on utilise une pâte spéciale ressemblant à du vermicelle blanc et vendue dans les épiceries orientales sous le nom de cheayriyé.

Préparation : 30 min
Repos au frais : 1 nuit
Cuisson : 50 min

Pour 8 personnes
La pâte
300 g de pâte à vermicelle
  blanche (*cheayriyé*)
75 g de beurre
10 cl d'huile neutre

La farce
150 g de mozzarella
400 g de mascarpone
5 cl d'eau de fleur
  d'oranger (voir p. 169)
10 g de sucre en poudre

Le sirop
350 g de sucre en poudre
15 cl d'eau
50 g de pistaches
  décortiquées non salées
1 cuil. à soupe d'eau
  de fleur d'oranger
  (voir p. 169)
1 cuil. à soupe d'eau
  de rose (voir p. 169)
1 citron (jus)

La veille

La pâte

- Faire fondre le beurre et le mélanger à l'huile.
- Défaire la pâte à vermicelle, en prélever 300 g et mettre la pâte restante au congélateur. Mélanger soigneusement la pâte avec le mélange de beurre et d'huile pour bien l'étaler.
- Diviser la pâte en deux et disposer chaque moitié dans un plat à tarte de 30 cm de diamètre, sur du papier sulfurisé dépassant largement des bords. Bien tasser la pâte sur toute la surface. Réserver au frais.

Le sirop

- Faire bouillir l'eau et le sucre dans une casserole. Ajouter 1 cuil. à soupe de jus de citron pour éviter la cristallisation du sucre. Le sirop doit être légèrement épais.
- Hors du feu, ajouter l'eau de fleur d'oranger et l'eau de rose. Mélanger et laisser refroidir, puis couvrir.

La farce

- Passer au robot successivement les deux fromages. Les mélanger au fouet avec le sucre et l'eau de fleur d'oranger. Couvrir et réserver au frais.

Le jour même

- Préchauffer le four à 150 °C (th. 6). Cuire alternativement les pâtes au four durant 30 min jusqu'à ce qu'elles soient dorées.
- Soulever la première pâte en s'aidant du papier sulfurisé et la faire glisser dans un grand plat rond d'au moins 50 cm de diamètre.
- Avec une cuillère à soupe, poser délicatement la farce sur la pâte croustillante en évitant de la casser. Couvrir toute la pâte.
- Retirer la deuxième couche de pâte en soulevant le papier sulfurisé et la faire glisser doucement sur la farce.
- Réduire les pistaches en poudre et couvrir la osmallié sur toute la surface.
- Servir avec le sirop à part.

LA TOUCHE AUDACIEUSE DE KARIM

En saison, dénoyautez 300 g de cerises et cuisez-les en même temps que le sirop.
Prélevez la moitié des cerises et ajoutez-les à la farce de la osmallié.
Mixez le reste des cerises avec le sirop (voir photo page ci-contre).

LES GLACES

Les desserts glacés occupent depuis des siècles une place de choix dans la cuisine du Levant, comme en témoigne un mot tel que « sorbet », qui provient d'une racine arabe signifiant « boisson » – la même qui a donné « sirop », ou « siroter ». L'une des glaces emblématiques de la cuisine libanaise utilise un ingrédient appelé *sahlab* ou *salep*, poudre de bulbe d'orchidée, d'un blanc tendant vers l'ivoire et qui possède un grand pouvoir émulsifiant. Traditionnellement, la glace était battue jusqu'à ce qu'elle devienne onctueuse et collante, puis servie dans des cornets de forme rectangulaire, fourrés jusqu'à l'éclatement et aussitôt plongés dans de la poudre de pistache.
Les recettes qui suivent comprennent aussi une glace au halva, inventée par Karim, une glace à la fraise et une autre à la rose ; cette dernière existe également en sorbet. Si l'on peut se procurer du *sahlab* lors d'un voyage en Orient, il est préférable de l'acheter en petite quantité – 200 g par exemple – parce qu'on en utilise peu (1 cuil. à soupe pour 1 litre de lait) et aussi parce qu'il perd assez vite ses qualités ; pour le préserver, il vaut mieux le placer au congélateur, dans une boîte hermétiquement fermée. On peut également se procurer cet ingrédient dans les épiceries orientales. Mais, dans ce cas, il est d'ordinaire mélangé à du sucre et à du lait en poudre. Nous avons adapté les recettes en fonction de cela.

GLACE AU HALVA

Préparation : 30 min

Pour 6 personnes
400 g de halva nature
90 cl de lait entier
  ou demi-écrémé
3 cl de crème liquide
10 g de fructose
1 cuil. à café de gomme
  arabique (en pharmacie)

- Mixer le halva, la gomme arabique, le fructose et la crème liquide dans un robot jusqu'à obtenir une crème lisse.
- Verser le lait dans une casserole à fond épais, ajouter la crème de halva.
- Porter à ébullition en remuant sans arrêt avec une spatule en bois. Retirer du feu et laisser refroidir.
- Verser la moitié de la préparation dans une sorbetière et laisser tourner environ 30 min jusqu'à ce que la glace se forme. Réserver l'autre moitié de la préparation au frais pendant que la glace se forme dans la sorbetière. Renouveler l'opération avec la préparation réservée.
- Servir aussitôt et déguster.

VARIANTE

Le halva est suffisamment sucré et l'ajout de fructose n'est pas obligatoire. Mais vous pouvez remplacer le fructose par 10 g de sucre en poudre.

BON À SAVOIR

La gomme arabique, principal ingrédient des loukoums, provient de la sève de l'acacia. Elle agit comme liant et épaississant et a un goût neutre. Vous pouvez vous en procurer en pharmacie car elle entre dans la composition de nombreuses préparations. Elle n'a aucune toxicité. La gomme arabique a tendance à faire des grumeaux. Pour éviter cela, mélangez-la à sec au sucre et au *sahlab*.

GLACE À LA FRAISE

Préparation : 30 min

Pour 6 personnes
400 g de fraises
30 cl de lait entier
  ou demi-écrémé
15 cl de crème liquide
80 g de sucre en poudre
70 g de sahlab
  (voir p. 149)
1 cuil. à café de gomme
  arabique (en pharmacie)

- Laver les fraises, les égoutter puis les équeuter. Les mélanger avec le sucre, les mixer puis les réserver au frais.
- Mélanger à sec le *sahlab* et la gomme arabique.
- Verser le lait dans une casserole à fond épais, ajouter la crème liquide, le *sahlab* et la gomme arabique puis porter à ébullition en remuant sans arrêt avec une spatule en bois. Retirer du feu et laisser refroidir.
- Mélanger cette crème à la purée de fraises.
- Verser la moitié de la préparation dans une sorbetière et laisser tourner environ 30 min jusqu'à ce que la glace se forme. Réserver l'autre moitié de la préparation au frais pendant que la glace se forme dans la sorbetière. Renouveler l'opération avec la préparation réservée.
- Servir aussitôt et déguster.

REMARQUE

Le *sahlab* vendu dans le commerce est déjà sucré ; si par chance vous avez de la poudre de *sahlab* pure, il faut remplacer les 70 g de *sahlab* par le mélange suivant : 1 cuil. à soupe de poudre de *sahlab* + 150 g de sucre.

GLACE AU SAHLAB

Préparation : 30 min

Pour 6 personnes
250 g de sahlab
   (voir p. 149)
90 cl de lait entier
   ou demi-écremé
15 cl de crème liquide
5 cl d'eau de fleur
   d'oranger (voir p. 169)
1 cuil. à café de gomme
   arabique (en pharmacie)
1 cuil. à café de sucre
   en poudre
Quelques larmes
   de mastic

- Écraser finement les larmes de mastic avec le sucre dans un mortier et réserver.
- Dans un saladier, mélanger à sec le *sahlab* et la gomme arabique, ajouter le lait et la crème.
- Verser le mélange dans une casserole à fond épais, puis porter à ébullition en remuant sans arrêt avec une spatule en bois.
- Retirer du feu, ajouter la poudre de mastic et l'eau de fleur d'oranger et laisser refroidir.
- Verser la moitié de la préparation dans une sorbetière et laisser tourner environ 30 min jusqu'à ce que la glace se forme. Réserver l'autre moitié de la préparation au frais pendant que la glace se forme dans la sorbetière. Renouveler l'opération avec la préparation réservée.
- Servir aussitôt et déguster.

REMARQUE

- Le *sahlab* vendu dans le commerce contient du sucre et du lait en poudre ; si par chance vous avez de la poudre de *sahlab* pure, il faut remplacer les 250 g de *sahlab* par le mélange suivant : 1 cuil. à soupe de poudre de *sahlab* + 200 g de sucre en poudre.
- Si vous ne trouvez pas de mastic dans les épiceries orientales, vous pouvez vous en passer pour cette recette.

GLACE À LA ROSE

Préparation : 30 min

Pour 6 personnes
90 cl de lait entier
   ou demi-écremé
70 g de sahlab
   (voir p. 149)
140 g de sucre
30 cl de crème liquide
1 cuil. à café de gomme
   arabique (pharmacie)
Quelques gouttes
   d'essence de rose
Quelques gouttes
   de colorant alimentaire
   rouge

- Mélanger à sec le *sahlab*, la gomme arabique et le sucre.
- Ajouter le lait et la crème liquide.
- Verser le mélange dans une casserole à fond épais, puis porter à ébullition en remuant sans arrêt avec une spatule en bois. Ajouter le colorant et l'essence de rose. Retirer du feu et laisser refroidir.
- Verser la moitié de la préparation dans une sorbetière et laisser tourner environ 30 min jusqu'à ce que la glace se forme. Réserver l'autre moitié de la préparation au frais pendant que la glace se forme dans la sorbetière. Renouveler l'opération avec la préparation réservée.
- Servir aussitôt et déguster.

REMARQUE

L'essence de rose est difficile à trouver dans le commerce, vous pouvez la remplacer par 10 cl d'eau de rose.
Le *sahlab* vendu dans le commerce est déjà sucré ; si l'on dispose de poudre de *sahlab* pure, il faudra ajouter 60 g de sucre, soit au total 200 g de sucre.

LES CAFÉS

Les graines de café importées au Liban venaient traditionnellement de Ceylan,
du Brésil, ainsi que du Yémen, dont deux villes portuaires, Aden et surtout Mokha
restent associées à l'histoire de cette boisson. Pour le café sans sucre,
on utilisait l'Aden ou le Ceylan ; et pour le sucré les graines brésiliennes.
Aujourd'hui, la part du café en provenance du Brésil est devenue prépondérante.
Jusqu'aux années 1980, le café à la libanaise se disait café turc, appellation
qui n'a pas totalement disparu. La manière de le préparer est demeurée inchangée.
Les graines sont grillées jusqu'à devenir huileuses, et de couleur très foncée.
Elles sont ensuite moulues le plus finement possible
pour qu'elles dégagent le maximum d'arôme.
La cafetière est spéciale ; le bord est plus étroit
que la base afin que l'évaporation
d'eau soit limitée.

CAFÉ NOIR

Pour 6 personnes

- Verser 7 tasses à café d'eau dans la cafetière. Mettre sur le feu.
- Dès que l'eau commence à bouillir, retirer la cafetière, ajouter hors du feu 7 cuil. à café rases de café moulu. Remettre sur le feu, laisser monter le café, retirer à nouveau.
- Lorsqu'une mousse se forme à la surface, la recueillir avec une cuillère pour en verser un peu dans chaque tasse. Remettre la cafetière sur le feu et laisser le café monter une deuxième fois.
- Servir. Éviter de boire le marc qui s'est déposé au fond.

CAFÉ BLANC

Ce « café » est une invention récente, inconnue avant les années 1960. Dans certaines familles, il était habituel d'ajouter quelques gouttes d'eau de fleur d'oranger dans les tasses de café qui venaient d'être servies. Quelqu'un eut l'idée de verser ces gouttes simplement dans l'eau chaude. La mode se répandit d'abord à Beyrouth, puis dans le reste du pays. La nouvelle boisson, consommée avec ou sans sucre, n'avait plus rien d'un café, mais, en raison de ses origines, le mot n'a pas disparu.

Pour 6 personnes

- Verser 7 tasses à café d'eau dans la cafetière, porter à ébullition.
- Retirer du feu et ajouter 1 tasse à café d'eau de fleur d'oranger (voir p. 169), soit 1 cuil. à soupe par tasse.
- Servir.

KAAK À L'ANIS

Préparation : 15 min
Cuisson : 12 à 15 min

Pour 6 personnes
250 g de farine
100 g de beurre
   à température ambiante
75 g de sucre en poudre
2 cuil. à soupe d'anis
   en grains
1 cuil. à café de levure
   chimique
3 cuil. à soupe de lait

- Préchauffer le four à 150 °C (th. 5).
- Mélanger la farine avec le beurre, ajouter le sucre, l'anis, la levure et le lait jusqu'à obtenir une pâte homogène.
- Confectionner des boudins de 1,5 cm de diamètre, les couper en tronçons de 3 cm. Les poser sur la plaque du four recouverte de papier sulfurisé.
- Enfourner pour 12 à 15 min de cuisson.

VARIANTE

Vous pouvez remplacer l'anis par des graines de sésame.

KAAK TÉTA NAZIRA

Kaak désigne, au Proche-Orient, diverses sortes de gâteaux secs ; le mot « téta », généralement suivi d'un prénom, est l'appellation traditionnelle pour une grand-mère. La créatrice de cette recette est « téta » Nazira Maalouf (1895-1986).

Préparation : 15 min
Cuisson : 12 à 15 min

Pour 6 personnes
400 g de farine
125 g de beurre
   à température ambiante
10 cl de lait
100 g de sucre en poudre
1 cuil. à soupe de cannelle
1 sachet de sucre vanillé
4 cuil. à café de levure
   chimique

- Préchauffer le four à 150 °C (th. 5).
- Mélanger la farine et le beurre, ajouter la levure, le sucre, la cannelle, la vanille puis le lait jusqu'à obtenir une pâte homogène. Confectionner des boudins de 1 cm de diamètre et les couper en tronçons de 8 cm environ. Rapprocher les extrémités pour faire des anneaux, les poser sur la plaque du four recouverte de papier sulfurisé.
- Mettre au four et cuire pendant 12 à 15 min.

REMARQUE

Si vous utilisez un robot, mélangez le beurre froid à la farine, pour éviter que le mélange ne chauffe.

SFOUF

Préparation : 15 min
Repos de la pâte : 1 h
Cuisson : 20 min

Pour 6 personnes
300 g de semoule
  de blé fine
250 g de farine
300 g de sucre en poudre
40 cl de lait
50 g de beurre
  à température ambiante
10 cl d'huile neutre
1 cuil. à café d'anis
  en poudre
1 cuil. à café de curcuma
1 cuil. à café de levure
  chimique
25 g de pignons de pin
  (voir p. 163)
1 cuil. à café de téhiné
  (voir p. 167)

- Mélanger la farine et la semoule avec le beurre et l'huile, ajouter le sucre, l'anis en poudre, le curcuma et la levure, puis ajouter le lait.
- Enduire de *téhiné* un plat à tarte de 30 cm de diamètre, y étaler la pâte à *sfouf*, l'aplatir avec la main mouillée pour éviter que la pâte colle.
- Parsemer de pignons de pin.
- Laisser reposer pendant 1 h. 15 min avant la fin, préchauffer le four à 250 °C (th. 8-9) pendant 15 min.
- Enfourner le sfouf et faire cuire pendant 20 min.
- Sortir le plat du four. Le laisser tiédir, et couper ensuite des parts en forme de carré ou de losange de 3 cm de côté.
- Ces gâteaux se conservent une semaine dans une boîte hermétiquement fermée.

VARIANTE

Vous pouvez remplacer le sucre par 25 cl de mélasse de caroube (voir p. 166).

LES PRODUITS LIBANAIS

LE BOURGHOL

C'est par ce mot qu'est désigné le blé concassé, ingrédient caractéristique de la cuisine du Liban et de sa région ; les Turcs l'appellent *boulgour*.

Sa préparation donnait lieu autrefois, dans les villages, à des réjouissances auxquelles s'associaient les enfants, et pour lesquelles on préparait des desserts à base de blé et de fruits secs. Aujourd'hui, l'aspect social de l'événement ne s'observe plus guère, même si la technique est demeurée la même. Le blé est bouilli, séché au soleil sur les toits, puis concassé dans des meules en pierre ; il est ensuite tamisé, pour séparer le fin du gros, pour enlever le son et les impuretés.

Cette technique vient probablement de l'Inde, où l'on pratique depuis des siècles l'étuvage du riz, procédé similaire qui neutralise le germe, détruit la flore ainsi que les bactéries, et durcit l'amidon qui devient plus résistant sans perdre pour autant ses qualités nutritives. Il est vrai que la teneur en vitamines diminue légèrement, mais les protéines contenues dans les grains ne sont pas altérées. Ainsi préparé, le bourghol peut être conservé bien plus longtemps que le blé à l'état naturel.

Le bourghol fin, blond ou brun, est utilisé pour les plats de *kebbé*. Il suffit de le tremper dans de l'eau froide puis de l'égoutter pour enlever l'excès d'eau. Pour le tabboulé, on peut soit le rincer, soit l'ajouter tel quel, afin qu'il absorbe davantage l'eau des tomates et le jus de citron et qu'il reste croquant.

Le bourghol gros, blond ou brun, doit être cuit dans de l'eau ou dans un bouillon pendant 15 min et peut remplacer le riz dans de nombreuses recettes ; il a l'avantage de ne pas coller à la cuisson.

En revanche, et bien que le bourghol ressemble en apparence au couscous, il est déconseillé d'utiliser l'un pour les recettes de l'autre. Ce sont des produits différents qui ne se comportent pas de la même manière sur le feu, ni dans les préparations froides.

Outre les variétés « classiques », il existe dans le commerce du bourghol de Kamut, céréale originaire d'Égypte, dont les grains sont bien plus gros que ceux du blé. Et un autre à base d'épeautre, « ancêtre » du blé. Ce dernier bourghol, de couleur brune, ressemble beaucoup à celui des villages libanais ; il doit être trempé dans de l'eau chaude pendant 10 min car il est légèrement plus gros et plus ferme que le bourghol ordinaire. Il est généralement appelé « spelta », *spelt* étant l'équivalent anglais d'épeautre.

On trouve le bourghol dans toutes les épiceries orientales et dans les magasins diététiques.

LES PAINS LIBANAIS

Si le pain du Liban existe en plusieurs variétés, issues de traditions différentes, sa principale caractéristique est toujours la même : il doit être souple, pour pouvoir être rompu, ou plutôt déchiré, puis plié et froncé, afin qu'il serve à recueillir une bouchée de *labné*, de hommos, de *moutabbal*, ou de quelque autre *mezzé*. C'est, d'une certaine manière, un ustensile de table, mais un ustensile comestible qui devient l'ultime ingrédient de la plupart des mets.

La variété la plus répandue se dit *khebz baladi*, ou *khebz kmej*. C'est le pain des villes. C'est ce pain qu'il faut utiliser pour les recettes de ce livre.

En sortant du four, il a l'apparence d'une boule ; mais elle est vide, et se dégonfle peu à peu ; les hémisphères s'aplatissent en deux cercles superposés. Il ressemble à la pita grecque, mais en plus grand, et en plus mince, donc plus souple. On l'appelle *khebz abiad*, lorsqu'il est fait avec de la farine blanche, et *khebz asmar* si l'on a utilisé de la farine bise.

Dans les villages, on trouve d'autres genres de pain. L'un a l'apparence d'une crêpe ronde de 50 cm de diamètre, et peut se plier comme une serviette.

On l'appelle *khebz markouk*, qui veut dire « aminci », ou *khebz sage*, du nom de la plaque sur laquelle il est cuit et qui est une calotte ronde bombée en métal noir, d'environ 60 cm de diamètre. La pâte de ce pain, molle, est très peu salée, afin qu'elle demeure élastique ; après l'avoir pétrie, on l'étire, puis on la tourne en l'air en la passant d'une main à l'autre pour qu'elle s'agrandisse encore ; ensuite, elle est posée sur un coussin rond, accolée à la paroi du *sage*, puis décollée aussitôt. Un autre pain villageois, plus épais, se dit *khebz tannour*, en raison du lieu où il est cuit, et dont le nom suggère une parenté avec le *tandoor* indien.

Ce four se compose d'un cylindre d'à peu près 80 cm de haut, construit en pierre et en terre, légèrement plus étroit dans sa partie supérieure, avec une ouverture vers le bas pour introduire le bois à brûler.

Dès que le feu s'éteint et que la braise se forme, la pâte, étirée en cercle, est posée sur un coussin rond et collée sur la paroi intérieure du *tannour*, puis retirée après quelques secondes.

Le pain *sage* et le pain *tannour* se composent des mêmes ingrédients que les pains des villes, à savoir de la farine de blé, de la levure de boulanger, du sel et de l'eau, auxquels on ajoute de la farine d'orge et de maïs. Malheureusement, les boulangers ajoutent souvent du sucre pour activer la fermentation de la pâte afin qu'elle devienne plus élastique et plus fine.

Jusqu'aux années 1960 le pain était cuit dans les fours des villages. Les femmes venaient avec leur pâte, confectionnaient leurs pains sur la grande table en pierre de la boulangerie, l'aplatissaient, le laissaient reposer sur de longues planches en bois, puis à tour de rôle le boulanger le cuisait. Le pain était plus épais qu'aujourd'hui et plus irrégulier aussi.

Peu à peu, le pain industriel est apparu et ces traditions ont commencé à disparaître.

Habituellement, en fin de cuisson, on faisait cuire des *tlamés*, petits pains ovales épais, sucrés ou salés, consommés chauds, tels quels, ou accompagnés de mets. Ou encore de grands *fatayers* farcis d'épinards, ou de pourpier, ou de confit d'agneau, dit *awarma*, ou de *kichk*, préparation à base de yaourt et de blé concassé, séché, puis réhydraté, au moment de sa consommation.

Il existe aussi une autre variété de pain, qu'on appelle *khebz jrich*. On l'appelle *tlamé* dans la Bekaa et *baq' aa* dans le Sud. Ce pain se compose de farine bise et de blé complet concassé qui n'a pas été bouilli comme le bourghol. Ce blé concassé est mis à tremper, puis mélangé à la farine, à la levure, au sel et parfois à de l'anis. Au moment de le cuire, on s'enduit les mains d'huile d'olive et on confectionne des pains, ronds au Sud et ovales dans la région de Baalbek. Autrefois, ce pain était préparé à l'occasion d'événements religieux ou sociaux et distribués à tous les villageois.

LE SUMAC

C'est une poudre astringente, de couleur rouge bordeaux, et de saveur acide ; dans la cuisine libanaise, elle est utilisée telle quelle, ou diluée dans un peu d'eau ; elle a l'avantage de ne pas changer de goût à la cuisson. Recueilli sur les grappes coniques d'un petit arbuste méditerranéen qui pousse à l'état sauvage, le *sumac* servait traditionnellement au tannage du cuir. Le nom scientifique de la plante, *Rhus coriaria*, fait référence à cet usage. Le nom local usuel est *summaq* ; les trois consonnes s, m, q forment, en araméen, le mot qui signifie rouge.

Il en existe de nombreuses variétés dans le monde, dont certaines sont toxiques. Au Canada, on l'appelle vinaigrier ; il est reconnaissable à la magnifique couleur rouge de ses feuilles à l'automne.

Les grappes de *sumac* sont cueillies avant la saison des pluies, puis séchées 10 à 15 jours au soleil. Selon la méthode traditionnelle, on doit ensuite égrener la grappe, pour ne garder que les grains de *sumac*. D'ordinaire, la poudre se prépare à l'avance ; les grains sont mis dans un sac épais, puis battus à l'aide d'un pilon en bois. La poudre obtenue est alors passée au tamis fin, elle seule est comestible, les grains qui restent sont toxiques.

Dans la médecine traditionnelle, on recommandait de délayer une petite cuillerée de *sumac* dans un verre d'eau pour soigner de légers troubles gastriques.

La cuisine libanaise utilise le *sumac* pour le *fattouche*, et pour certaines autres salades ; mais pas pour le tabboulé. On l'emploie également dans les marinades ; une petite cuillerée suffit.

On trouve le *sumac* dans les épiceries orientales. Il faut cependant vérifier que le produit proposé ne contient pas d'acide citrique ; pratique fréquente, hélas, et rarement signalée sur les emballages. Il est donc important de se limiter aux produits de grande qualité ; de toute manière, le *sumac* ne doit s'acheter qu'en petites quantités ; par expérience, et pour donner un ordre de grandeur, la consommation d'une famille n'excède pas 500 g par an.

LES PIGNONS DE PIN

Les pignons de pin agrémentent les plats les plus ordinaires et leur donnent un air de fête. Généralement grillés, ils accompagnent souvent le riz, les *fattés* et de nombreux plats. Ils sont indispensables aux *kebbés* de viande. On peut même les écraser avec le *kebbé* cru en remplacement du gras.

On trouve les pignons dans les pommes de pin. Celles-ci ont besoin de deux ans pour mûrir. Cueillies sur l'arbre à l'automne, elles sont d'abord mises à l'abri dans un lieu sec et couvertes de branchages pour éviter qu'elles s'ouvrent prématurément. C'est seulement au mois de juin qu'on les sort sur les toits, pour les laisser sécher au soleil tout l'été. Quand elles se sont ouvertes, on les met dans de grands sacs pour les battre, afin de séparer les pignons, qui sont alors lavés dans un bac d'eau, afin que leur écorce durcisse. De la sorte, on parvient à les décortiquer sans les écraser.

LE ZAATAR

Produit emblématique du Liban et du Proche-Orient, le *zaatar* est une plante aromatique dont le goût se compare au thym, à l'origan et à la sarriette ; le mot désigne également les différents mélanges auxquels cette plante est associée. Son nom scientifique est *Origanum orientalis*.

Le *zaatar* pousse à l'état sauvage sur les terrains secs et arides. On le récolte en été au moment de la floraison. Il est séché, effeuillé, mis dans des sacs en toile, puis battu jusqu'à ce qu'il soit réduit en poudre. Il est ensuite tamisé et débarrassé des brindilles. Les fleurs sont les plus appréciées, c'est là que se concentrent les saveurs ainsi que les vertus médicinales.

Le *zaatar* peut être consommé frais, en salade, avec ou sans oignons, parfois avec des tomates, assaisonné à l'huile, au citron ou au vinaigre.

Le plus souvent, toutefois, le *zaatar* se consomme sec et mélangé à divers condiments.

Les mélanges varient selon les régions, et les goûts de chacun. Les ingrédients de base sont, outre le *zaatar* lui-même, le *sumac*, les graines de sésame grillées, et le sel. Mais il n'est pas rare d'y trouver des épices comme le cumin ou l'anis. Dans la ville syrienne d'Alep, l'une des capitales traditionnelles de la cuisine proche-orientale, on y ajoute parfois des pistaches réduites en poudre.

Au XIXᵉ siècle, un consul de France, Henry Guys, qui fut en poste à Saïda, au sud de l'actuel Liban, publia une description des paysages et des mœurs où il moquait gentiment les habitants du pays, si friands de *zaatar* qu'ils en consommaient sans arrêt ; s'ils devaient partir loin de chez eux, ils faisaient venir ce produit à grand frais tant ils étaient incapables de s'en passer.

De fait, le *zaatar* se consomme à toute heure, mais surtout au petit déjeuner ; mélangé à de l'huile d'olive, il accompagne la *labné,* yaourt égoutté et salé, autre produit emblématique. Au goûter également, il n'est pas rare, même aujourd'hui, que des marchands ambulants parcourent les rues en fin d'après-midi en criant : « *Asriyé !* » Le *kaak 'asriyé* est une galette de pain couverte de sésame, dorée, croustillante, et farcie de *zaatar*. Son nom vient de *'asr*, qui désigne le moment où le soleil commence à décliner ; c'est le goûter traditionnel des enfants à la sortie de l'école.

On trouve le *zaatar* dans les épiceries orientales, déjà composé ; mais on peut aussi faire son propre mélange. Les grands consommateurs de *zaatar* préfèrent le rapporter directement de leur propre village.

De la sorte, ils espèrent avoir un produit de meilleure qualité, sans mauvaises herbes et avec le maximum de fleurs. Celles-ci sont souvent absentes des produits commerciaux, car la cueillette du *zaatar* étant libre, les gens se dépêchent de l'effectuer pour devancer les autres et n'attendent même pas la floraison.

LES ÉPICES

Si la cuisine libanaise utilise de nombreuses épices, c'est
pour multiplier les arômes, non pour accentuer le piquant.
Elle ne saurait être qualifiée d'épicée, jamais elle « n'em-
porte la langue » ou le palais. Même le poivre brun qu'on
trouve dans diverses recettes est doux, subtil et parfumé.
Il s'agit d'une variété proche du poivre de la Jamaïque ;
les baies ont la taille d'un petit pois, et leur saveur évoque
celle de la cannelle, du clou de girofle et de la noix muscade.

On utilise également des mélanges d'épices,
dont la composition varie.

LE MÉLANGE ALEPPIN OU MÉLANGE 5-ÉPICES

100 g de poivre doux
25 g de poivre noir
25 g de noix muscade
17 g de clous de girofle
7 g de cardamome verte

Il est préférable d'avoir chez soi un moulin et de moudre
les graines par petites quantités, car elles se conservent
mieux.

LE MÉLANGE 7-ÉPICES

**Pour ce mélange, moudre
les ingrédients suivants :**

1/2 noix muscade
1 cuil. à soupe de poivre noir
1 cuil. à soupe de graines de coriandre
1 cuil. à soupe de graines de cumin
1 cuil. à soupe de clous de girofle
1 bâton de cannelle
Les graines de 10 capsules
  de cardamome verte

LE DEBS REMMANE
La mélasse de grenade

C'est un concentré de jus, extrait de grenades acides d'un rouge éclatant. Les fruits sont soigneusement égrenés, débarrassés des peaux jaunes très amères qui séparent les compartiments de la grenade. Le jus est recueilli, passé au tamis fin, bouilli jusqu'à ce qu'il devienne épais. Le sel est ajouté en dernier. Il faut environ 7 à 10 litres de jus de grenades acides pour faire 1 litre de *debs remmane*. Le goût de la mélasse est acidulé et légèrement sucré. On peut facilement se procurer ce produit dans les épiceries orientales, mais il faut s'assurer qu'il s'agit du vrai *debs remmane*, obtenu par la méthode traditionnelle, et non d'un sirop d'acide citrique coloré au caramel.

LA MÉLASSE DE CAROUBE

Les caroubiers poussent à l'état sauvage dans les villages libanais. Les gousses commencent par être vertes ; très astringentes à ce stade, elles servaient jadis pour cailler le lait. En arrivant à maturité, en septembre, elles noircissent. Elles sont alors cueillies, broyées au pressoir, puis filtrées et conservées dans des bocaux en verre. Cette mélasse, appelée *debs kharroub*, a la consistance du miel. Pour la consommer, on en verse un peu dans un bol, on y ajoute quelques cuillerées de *téhiné*, on mélange ; on obtient ainsi un liquide épais, onctueux, que l'on déguste avec du pain.

La mélasse de caroube est parfois utilisée dans les produits diététiques en remplacement du sucre.

LA MÉLASSE DE RAISIN

La variété de raisin préférée pour la mélasse est proche du chasselas ; on l'appelle parfois *mé'séssé,* mais son nom varie selon les régions. C'est un raisin juteux à peau fine. Les grappes sont cueillies à maturité, débarrassées des grains moisis, pressées puis filtrées à travers un linge fin. Le jus recueilli est ensuite bouilli, réduit à un tiers de son volume, puis longuement battu à l'aide d'une grande cuillère en bois jusqu'à ce qu'il blanchisse, pour éviter la cristallisation. Appelée *debs enab,* cette mélasse est consommée tout au long de l'année. Dans les villages, on raffolait jadis d'un dessert fort simple à base de mélasse, appelé *harrou' osbo',* ce qui veut dire « brûle-doigt ». Du pain libanais, coupé en lanières, était frit dans une poêle et doré ; on versait dessus quelques cuillerées de mélasse de raisin ; il était dégusté très chaud par les enfants qui s'efforçaient, justement, de ne pas s'y brûler les doigts.

Un autre souvenir d'enfance est le *ya'sama,* réservé aux régions enneigées l'hiver : on recueillait dans un verre de la neige fine et blanche, on y versait une bonne rasade de mélasse de raisin et on dégustait.

LA TÉHINÉ
La crème de sésame

Le sésame est très présent dans la cuisine du Liban comme dans celle de divers autres pays d'Orient. Il semble qu'il ait été connu très tôt, puisqu'il est mentionné dans les tablettes mésopotamiennes en tant que « plante à huile ». On lui attribue, depuis des millénaires, des vertus nutritives et gustatives. La science moderne le trouve riche en phosphore et en lécithine, substances réputées utiles au cerveau. C'est sans doute parce qu'ils ont été impressionnés par cette petite graine qui, en s'ouvrant, libère tant d'arômes et de bienfaits, et qui se présente sous des apparences très diverses, que les mystérieux auteurs anonymes des *Mille et une nuits* ont inventé la formule « Sésame, ouvre-toi ! ».

Le sésame se consomme en graines, en huile et en crème — c'est cette dernière qui, au Liban, se nomme *téhiné.* Selon le procédé traditionnel, on écrase les graines de sésame crues dans une meule en pierre, pour éviter la surchauffe. De la mixture ainsi obtenue on extrait l'huile et la crème de sésame, qui sont deux produits différents.

Cette huile de sésame est utilisée en friture, elle ne brûle pas facilement ; il ne faut pas la confondre avec l'huile de sésame grillé utilisée dans la cuisine asiatique et dont le goût est plus prononcé.

La crème de sésame, dite *téhiné,* entre dans de nombreuses préparations libanaises, comme le hommos, ou le *moutabbal* d'aubergines. Mélangée au citron, elle devient une sauce onctueuse appelée *tarator,* qui accompagne invariablement le poisson. Chaude, on l'appelle au Liban *tajine,* parce qu'elle sert de base au plat appelé *tajine* de poisson. Elle est également servie avec le *kebbé* de poisson.

La *téhiné,* comme divers autres dérivés du sésame, est disponible dans le commerce.

LA FRIKÉ

La *friké* est peu connue en dehors du Proche-Orient ; pourtant, cette préparation à base de blé dur grillé est mentionnée plusieurs fois dans la Bible. Il est probable qu'un début d'incendie accidentel soit à l'origine de son invention.

Pour réussir la *friké*, il est important que le blé soit cueilli vert. S'il est cueilli trop tôt, la graine s'effrite ; s'il est cueilli trop tard, il aura perdu sa couleur verte et son caractère moelleux. Le moment propice est délicat à déterminer, il faut qu'un liquide blanc laiteux se dégage lorsqu'on écrase le grain entre deux doigts. Après la cueillette, les gerbes de blé sont séchées 2 heures au soleil. Ensuite, elles sont mélangées à de la paille d'orge et brûlées à même le sol, secouées de temps à autre à l'aide d'une fourche pour qu'elles soient toutes léchées par la flamme. On les laisse alors refroidir durant quelques heures, puis les épis sont battus pour recueillir les graines ; on les laisse alors sécher à l'ombre pour éviter qu'elles blanchissent.

La *friké* peut être consommée fraîche ; son goût est subtil, inhabituel, à la fois sucré et fumé. Si elle est sèche, il faut lui ajouter 2 fois son volume d'eau.
On peut la trouver dans les épiceries orientales.

LE MAZAHR
L'eau de fleur d'oranger

Les fleurs du bigaradier, que les Libanais appellent *bousfeir*, sont cueillies au printemps pour préparer le *mazahr*, littéralement eau de fleur. Les pétales sont séparés du vert de la fleur et introduits, avec deux fois leur volume d'eau, dans la cuve de l'alambic. Celui-ci est posé sur un feu fort au départ, puis très doux jusqu'à la fin de la distillation. La vapeur se dégage, emportant avec elle le parfum et les essences des fleurs ; elle passe à travers les circonvolutions de l'alambic, se refroidit, se condense, puis laisse couler les gouttes d'eau de fleur d'oranger dans un récipient posé en fin de circuit. Ce liquide est ensuite mis en bouteilles. Le néroli, huile essentielle de couleur jaune, apparaît à la surface ; c'est à cela que l'on reconnaît le véritable *mazahr*.

LE MAWARD
L'eau de rose

Au Liban, c'est une variété particulière, appelée *ward jouri*, que l'on distille pour obtenir l'eau de rose. Mais il arrive que l'on utilise parfois quelques autres variétés, notamment la rose d'Ispahan, ou de Damas. Les fleurs sont cueillies à l'aube, avant que le soleil puisse altérer leur parfum. Les pétales sont prélevés et placés dans un bain d'eau à raison de 1 kg de pétales pour 2 litres d'eau. Le mélange est versé dans l'alambic, et posé sur un feu doux pour éviter de brûler les pétales qui sont extrêmement fragiles. Pour la confiture et la gelée de rose, c'est une variété proche que l'on emploie ; son parfum est similaire, mais ses pétales sont plus épais et résistent mieux à la cuisson.

INDEX DES RECETTES
PAR INGRÉDIENTS PRINCIPAUX
LES RECETTES SUIVIES DE (V) SONT DES VARIANTES

OÙ TROUVER LES PRODUITS LIBANAIS ET LES ÉPICES ?

Si vous ne trouvez pas de boutique orientale près de chez vous, n'hésitez pas à demander à un restaurant libanais de vous communiquer l'adresse de son fournisseur.

ÉPICERIES ORIENTALES

À Paris

La Grande Épicerie de Paris (pour les produits Mymouné)
38, rue de Sèvres 75007 Paris Tél : 01 44 39 81 00

Délices d'Orient
Supermarché libanais oriental : 52, avenue Émile-Zola
75015 Paris Tél : 01 45 79 10 00
Pâtisserie-Traiteur : 14-16, rue des Quatre-Frères-Peignot
75015 Paris Tél : 01 45 77 82 93

Al Dar
Épicerie-traiteur : 8, rue Frédéric-Sauton 75006 Paris
Tél : 01 43 25 35 62
93, rue Raymond-Poincaré 75116 Paris
Tél : 01 45 00 96 64

Noura
Épicerie-traiteur : 33, avenue Pierre-1er-de-Serbie 75116 Paris
Tél : 09 53 38 74 85

Le Beryte
78, rue de Longchamp 75016 Paris
Tél : 01 47 04 89 98

Ahga M'Bark
21, rue Montorgueil 75001 Paris
Tél : 01 42 33 72 39

Izraël
30, rue François-Miron 75004 Paris
Tél : 01 42 72 66 23

Massis
26, rue de Trévise 75009 Paris
Tél : 01 48 01 68 79

Heratchian Frères
6, rue Lamartine 75009 Paris Tél : 01 48 78 43 19

Le Pharaon d'Égypte
75, rue Rochechouart 75009 Paris Tél : 01 45 26 36 29

2.M.K International
60, rue Louis Blanc 75010 Paris Tél : 01 44 72 98 68

Sabah Oriental
140, rue du Faubourg Saint-Antoine 75012 Paris
Tél : 01 40 01 01 04
Autres boutiques à Paris voir
http://www.sabah-oriental.com

Jardins d'Alésia
225, rue d'Alésia 75014 Paris Tél : 01 45 41 42 89

L'Orientale
36, rue du Laos 75015 Paris Tél : 01 43 06 66 00

Les Délices du Palais
20, rue de la Charbonnière 75018 Paris Tél : 01 42 55 80 80

Sassi-Belgacem Produits exotiques
4, rue des Poissonniers 75018 Paris Tél : 01 46 06 74 48

La Pyramide d'Égypte
1, rue André Messager 75018 Paris Tél : 01 42 23 30 62

Goumanyat et son Royaume
3, rue Charles-François-Dupuis 75003 Paris
Tél : 01 44 78 96 74

Épicerie de l'Orient
45, avenue Simon-Bolivar 75019 Paris Tél : 01 42 41 05 08

À Marseille

Établissements Maghakian JMD
9, avenue Rosière 13012 Marseille Tél : 04 91 87 03 34

À Lille

Comptoir d'Afrique et d'Orient
41, rue du Marché 59000 Lille Tél : 03 20 40 09 31

À Lyon

Établissements Bahadourian
20, rue Villeroy 69003 Lyon Tél : 04 78 60 32 10
102, cours Lafayette 69003 Lyon Tél : 04 72 84 86 86
5, rue du Mail 69004 Lyon Tél : 04 78 29 97 07

À Strasbourg

Établissements Mourched
4, rue Leicester 67000 Strasbourg Tél : 03 90 41 09 57

SITES INTERNET À CONSULTER

mayrig.com
aldoukan.com
buylebanese.com
goumanyat.fr
lagrandeepicerie.fr
libanus.com
marchelevant.com
mymoune.com
saravane.eu

Remerciements

Je ne me serais jamais lancée dans la préparation de ce livre sans les encouragements persistants d'Amin, mon mari, de mes fils, Ruchdi, Tarek et Ziad, de Richard Ducousset et de Danièle Boespflug.
Embarquée dans cette aventure, je n'aurais pu la mener à son terme sans la précieuse complicité de Karim Haïdar, sans les conseils chaleureux de Laure Paoli et Myrtille Chareyre, sans la compétence de Sabine Paris, Caroline Faccioli et Frédéric Agid.

De la part de mes amis et des membres de ma vaste famille, j'ai bénéficié également, tout au long des deux dernières années, de mille conseils. Ne pouvant nommer ici toutes les personnes pour lesquelles je suis reconnaissante, je mentionnerai celles dont la contribution aura été la plus efficace et la plus présente : Ghada Maamari, Jacqueline Jraissaty, Nelly Maamari, Sylvie Tabet, Marlène Nasr, Hind Maalouf, Leyla Zoghbi, Nada Maalouf Labbé, Dolly Sofia, Mymouné en la personne de Leyla Maalouf et Youmna Ghorayeb, Liza Soughayar et le restaurant Liza, Eliane Kreiker, Claire Bassoul, Mona Touzani et Mary Salamé.

Andrée Maalouf

Merci Maman, pour ton affection et ton aide tout au long de mon aventure de cuisinier,
Merci Papa, pour avoir toujours cru en moi,
Merci à ma tante Mona, pour m'avoir enseigné mes premiers plats libanais,
Merci à Têta, ma grand-mère, pour m'avoir transmis le gène de la passion de la cuisine.

Merci à Andrée, Amin, Sabine, Caroline, Frédéric, Myrtille et Laure qui ont fait ce livre avec moi.

Merci à Salim et Rabih, de Sorbet&Co pour leur précieuse aide en matière de glaces,
et à toute l'équipe du restaurant La branche d'olivier (44, rue de Naples - 75008 Paris - Tél : 01 45 63 28 92).

Karim Haïdar

Les auteurs et l'éditeur tiennent tout particulièrement à remercier Liza Soughayar
qui a mis à leur disposition, avec gentillesse et complicité, toute l'équipe de son restaurant
Liza
Cuisine libanaise contemporaine
14, rue de la Banque - 75002 PARIS - Tél. : 01 55 35 00 66
http://www.restaurant-liza.com

Direction éditoriale : Laure Paoli
Conception graphique, réalisation des pages intérieures et de la couverture : Kumquat
Photographies : Caroline Faccioli
Stylisme : Sabine Paris

Sabine Paris remercie les personnes et les boutiques suivantes pour le prêt d'objets :

Lina Audi pour Liwan, 8 rue Saint-Sulpice 75006 Paris (pages 17, 32, 38, 50, 57, 61, 105, 121, 129, 139)
L'Artisan du Liban, 30 rue de Varenne 75007 Paris (pages 12, 20, 43, 45, 46, 61, 96, 100, 117, 141, 147, 157)
Sabre, www.sabre.fr (pages 23, 87, 92, 129, 143)
Corinne Jausserand, points de vente au 06 07 21 88 75 (pages 26, 38, 109)
Quartz, www.quartz-verreries.com (pages 12, 126, 129, 139, 141, 148)
Jars, www.jarsceramistes.com et 04 75 31 68 31 (pages 23, 53, 67, 81, 87, 92, 103, 133, 143)
TO BE, 19 rue du Temple 75004 Paris (pages 25, 32, 75, 121, 148)
Noblesse Oblige, www.noblesse-oblige.fr (pages 32)
Alexandre Turpault, www.vanderschooten.fr (pages 17, 23, 38, 46, 61, 81, 87, 143, 157)
Carrelages du Marais, www.carrelagesdumarais.com (pages 58, 114)
Kim et Garo, 7 rue des Quatre-vents 75004 Paris (pages 50, 70, 75, 85, 96, 117, 126)
Ebony, 213/215 rue de Paris 95150 Taverny (pages 100, 103)
CMO, 5 rue Chabannais 75002 Paris (pages 12, 17, 20, 26, 31, 32, 92)

Pour des raisons de lisibilité nous avons choisi d'écrire les marques déposées avec une majuscule, sans les faire suivre du sigle ™.

Achevé d'imprimer en France sur les presses de Pollina

ISBN : 978-2-226-16931-0
Dépôt légal : octobre 2007
N° d'édition : 25917
N° d'impression : L48181